アイビーリーグの入り方

HOW TO GET INTO
AN IVY LEAGUE SCHOOL

アメリカ大学入試の知られざる実態と
名門大学の合格基準

冷泉彰彦

阪急コミュニケーションズ

CONTENTS

アイビーリーグの入り方
アメリカ大学入試の知られざる実態と
名門大学の合格基準

はじめに——高まるアメリカ名門大学への関心　……9

CHAPTER 1　志望校をどうやって選ぶのか？

1-1	受験シーズンは秋にスタートする	……20
1-2	日本とは違う志望校選びの難しさ	……22
1-3	理系と文系の区別すらない	……24
1-4	名門イコール「アイビーリーグ」ではない	……25
1-5	独特の存在の名門校もある	……27
1-6	リベラルアーツ・カレッジとは？	……28
1-7	小規模で柔軟性が高いリベラルアーツ・カレッジ	……29
1-8	アメリカの「女子大」は侮れない存在	……31
1-9	ヒラリー・クリントンも女子大学出身	……32
1-10	ハイレベル教育を志向する公立大学	……33
1-11	オナーズ・カレッジは授業料などで優遇がある	……34
1-12	将来の専攻から志望校を決めるのが王道	……35
1-13	ロケーション(立地)で志望校を絞り込む	……37
1-14	大学の規模で志望校を絞り込む	……39

CHAPTER 2　大学出願の具体的なプロセスとは？

| 2-1 | 出願の締め切りは3種類ある | ……42 |
| 2-2 | 「アーリー」をどう利用するか | ……43 |

2-3	アーリーディシジョンの5条件	……45
2-4	出願には何が必要か	……47
2-5	日本と違って内申書が重要	……49
2-6	GPAの満点は「4.0」ではない	……51
2-7	内申書重視の弊害は？	……52
2-8	大学受験につきものの統一テスト「SAT」とは？	……53
2-9	「SAT2」のスコアを求められることも	……57
2-10	SATの代替となる「ACT」とは？	……58
2-11	大学の単位に認定される「AP」	……60
2-12	国際的に通用する「IB（国際バカロレア）」	……61
2-13	エッセイは家で書いていい	……63
2-14	受験の秋でも、課外活動は続けなくてはならない	……64
2-15	ボランティア経験は絶対に必要なのか	……66
2-16	SNS上の「悪ふざけ」は問題になるか	……67
2-17	推薦状の意味合いは二つある	……69
2-18	大学訪問は合否に影響するか	……71
2-19	奨学金の三つのカテゴリ	……73
2-20	名門校の奨学金制度は？	……76
2-21	面接はカフェや図書館で行われる	……77
2-22	ギリギリの時点で決める進学先	……79
2-23	「補欠」になっていたらどうなるか	……80

CHAPTER 3 入試事務室は何を考えているのか？

3-1	アドミッション・オフィスとは？	……84
3-2	まず「期待されない学生像」がある	……85

3-3	期待される学生像「授業への貢献」	⋯⋯88
3-4	ディベート能力は「叩きのめす」テクニックではない	⋯⋯90
3-5	期待される学生像「専攻がすでに決まっている」	⋯⋯92
3-6	なぜ専攻を最初から決める方が望ましいか	⋯⋯93
3-7	専攻が絞り切れなくても悲観する必要はない	⋯⋯95
3-8	期待される学生像「自己管理能力」	⋯⋯96
3-9	マルチタスクに耐えられるかどうかを重視	⋯⋯98
3-10	期待される学生像「伝統の継承者と破壊者」	⋯⋯100
3-11	「レガシー」の他に地元優先もある	⋯⋯102
3-12	期待される学生像「多様な人材を世界中から」	⋯⋯104
3-13	人種の多様化を進めてきた大学の歴史	⋯⋯106
3-14	期待される学生像「とにかく凄い学生」	⋯⋯107
3-15	AOは「願書の信頼性」をどう確認するのか	⋯⋯110

CHAPTER 4 競争に勝つには何歳から準備すべきか？

4-1	スタート地点は13歳	⋯⋯114
4-2	減点法ではなく加点法で上を目指す	⋯⋯117
4-3	なぜ数学では飛び級をすべきか	⋯⋯118
4-4	学校内の「特急コース」で飛び級を行う場合	⋯⋯121
4-5	学校と交渉して飛び級を行う場合	⋯⋯123
4-6	夏期講習を受けて飛び級を行う場合	⋯⋯124
4-7	プレップスクールという「飛び級」の方法	⋯⋯126
4-8	プレップスクールでは何が教えられているのか	⋯⋯128
4-9	アイビーキャンプに参加すれば有利なのか	⋯⋯131
4-10	重視されるスポーツ活動の評価基準は？	⋯⋯133

| 4-11 | フリーパス＆通年の陸上部は特別な存在 | ……135 |
| 4-12 | 要領の良い若者が勝ち上がっていく仕組み | ……137 |

CHAPTER 5 日本から出願する際の注意点は？

5-1	日本から出願する場合の心構え	……140
5-2	伝わらないと思ったら、自分で補足資料を用意する	……141
5-3	堂々と「日本人」を主張して出願すればいい	……144
5-4	日本人として学ぶ上での三つの留意点	……145
5-5	アメリカの名門大学が知られていないという問題	……149
5-6	日本からの出願は熱く求められている	……150
5-7	内申書は単なる英訳では不十分	……152
5-8	日本人が統一テストで高得点を取るには？	……155
5-9	アメリカで通用する推薦状をもらうには？	……157
5-10	エッセイでやってはいけないこと	……159
5-11	エッセイの内容・書き方は「日本式」ではダメ	……160
5-12	日本での課外活動をどうアピール材料にするか	……162
5-13	大切なのは「整合性」と英語の読みやすさ	……163

| | おわりに――アイビーリーグに入学したら | ……166 |

APPENDIX 厳選30大学データ

ハーバード大学	172
プリンストン大学	174
イェール大学	176
ブラウン大学	178
コロンビア大学	180
コーネル大学	182
ダートマス・カレッジ	184
ペンシルベニア大学(Uペン)	186
マサチューセッツ工科大学(MIT)	188
スタンフォード大学	190
カリフォルニア大学バークレー校(UCバークレー)	192
ジョージア工科大学	194
ジョンズ・ホプキンス大学	196
ジョージタウン大学	198
シカゴ大学	200
ノースウェスタン大学	202
カーネギー・メロン大学	204
ライス大学	206
デューク大学	208
ニューヨーク大学(NYU)	210
ボストン・カレッジ(BC)	212
ボストン大学(BU)	214
スワースモア・カレッジ	216
ハヴァフォード・カレッジ	218
カリフォルニア大学ロサンゼルス校(UCLA)	220

マイアミ大学 ……222
南カリフォルニア大学（USC） ……224
ミシガン大学 ……226
ペンシルベニア州立大学（ペン・ステート） ……228
ラトガース大学 ……230

ブックデザインAD　渡邊民人 TYPEFACE
　　　　　　D　森田祥子 TYPEFACE
　　　　イラスト　須山奈津希
　　　　　　校閲　円水社

はじめに
──高まるアメリカ名門大学への関心

　今、アメリカの大学入試への関心が高まっています。
　かつて、1980年代以降の20世紀末の日本では、アメリカ留学がブームになった時代がありました。ですが、ブームとは言ってもその動きは二つの分野に限られていました。それは、学部段階での「語学留学」。そして、専門性が決まってからの「大学院留学」です。
　これに対して、今回のブームは違います。年を追うごとに、勉強熱心な若者が高校を卒業した段階での「学部留学」を志向し始めているのです。それも、いわゆる「アイビーリーグ」と言われる8校をはじめとした名門大学への入学を志望する、そうした全く新しい動きです。

　今でもまだ、毎年3月末になると世間では「高校別東大・京大合格者ランキング」が話題になります。そのランキングで順位を上げた高校が出れば、どんな教育をしているのかが取材されて記事になるということもあります。
　ですが、その裏では全く別の動きが始まっているのです。その東京大学自体が、大学説明会や予約制の大学見学ツアーを始めているのです。
　それは、東大が危機感を持っているからに他なりません。合格しても、辞退する学生が少しずつ増えているのです。それも、以前からあるような他大学の医学部を選ぶという形での辞退ではありません。
　東大受験とともに併願していたアメリカの名門大学に進学する学生が、静かな動きとして増えてきているのです。
　東大が秋入学を志向したり、国際化の方針をPRしたりしているのも、優秀な留学生に来て欲しいからだけではありません。学部段階で日本か

ら海外を目指す学生が年を追うごとに増えてきている、この動きに対抗するためなのです。

どうして、日本から学部段階で留学する動きが出てきたのでしょう？
　日本の偏差値の高い大学に進学するのではなく、アメリカの名門大学に進学することにはどんなメリットがあるのでしょうか？

箇条書きにしてみましょう。

1　現代はグローバル化の時代です。企業活動も、お金や人の動きも国境を越えて世界中に広がっています。そして実質的には「英語」が共通語になり、「アメリカ流のビジネス」が世界の標準になっています。そのグローバルな世界で成功するための知識と人脈を得るには、アメリカの名門大学に進学するのが近道です。

2　特に、金融、IT、航空宇宙、バイオ、医療機器といったアメリカ企業が国際的に大きなシェアを持っている産業の場合、日本で「日本の現地子会社」に「現地雇用の社員」として入社するよりも、アメリカの本社に採用された方が権限の大きな職種につくことができます。特に基幹部門の開発業務などではそうです。そのためには、アメリカの名門大学に進学するのが一番です。

3　民間企業への就職ではなく、純粋に研究の道へ進むにしても、金融、IT、医学、薬学、工学、バイオといった分野では、アメリカの名門大学は最先端のレベルの教育を用意しています。もちろん、日本の大学にも部分的には世界の最先端のレベルを維持している学科がありますが、そうした分野であっても、今はどんどん英語で学び、英語で学会発表や技術交流がされる時代です。その意味でも、英語圏の、とりわけアメリカの大学に進学することには大きなメリットが

Harvard University

あります。

4 専攻をどうしても一つに絞り切れない、例えば、金融工学も勉強したいが、建築学への興味も捨てきれないとか、工学と人類学の両方に興味があるというような場合、日本では早期に「理系か文系か」を選択するシステムのため、どちらかを選ばなくてはいけません。ですが、アメリカの大学の場合は「文理の区別がない」中で「主専攻＋副専攻」、あるいは「ダブル主専攻」という形で「二兎を追うこと」が可能です。

5 医師、弁護士、会計士といった専門資格に関しても、日本でしか通用しない日本向けの資格を取得するよりも、英語で学び、アメリカの資格を取ってアメリカで実務経験を積む方が、グローバルな世界での活躍の道は広がっていくと思います。特に、法律や金融、会計

といった業務は年を追うごとに国際化していく時代であり、真剣にそうした職種を目指すのであれば、アメリカで学び、アメリカで資格を取るというチョイスは十分検討に値します。

6 まだまだ日本の大学では文系を中心に「入るのは難しいが、出るのは比較的簡単」というカルチャーがあります。ですが、アメリカの大学の場合は、日々膨大な宿題を課せられ、授業では真剣勝負のディスカッションが行われ、期末試験では難しい課題に取り組むという教育が生きています。いわゆる「白熱教室」というカルチャーは、一部の大学だけではなく、アメリカでは一般的なのです。18歳から22歳の4年間をそうしたエキサイティングな環境で過ごすことは、生涯にわたる大きな財産になるはずです。

7 アメリカの大学は、どんどん世界から多様な人材を集めようとしています。その意味では、もはやアメリカ人やアメリカ社会のための教育機関ではありません。ですから、日本からの留学生というのは特別な存在ではありません。その大学に「多様性」を持ち込む存在として期待されつつ、紛れもなく、その大学の一員として認められていくのです。従来はアメリカ人の学生に限られていた奨学金制度も、一部の名門大学では留学生も対象にするようになってきています。そのように受け入れ側の環境も整ってきているのです。

いかがでしょうか？
　もちろん、日本の大学へ進学するというチョイスがムダであるということはありません。日本を勤務地として、日本の企業や官公庁で働くのであれば、日本の大学を卒業した方が近道である、この点にはまだ大きな変化はないからです。
　ですが、時代は大きく変わりつつあるのも事実です。
　アメリカの名門大学に進学するという、従来であれば勉強熱心な日本

の高校生の間では、全くマイナーであった進路が、この現代では現実味を帯びてきた、それにはこれだけの理由があるのです。

「どんな基準をクリアすべきか」に絞った留学のガイドブック

　本書は、そのようにして日本の高校からダイレクトにアメリカの名門大学に進学しよう、そうした進路を考え始めている、あるいはハッキリと自分の進路として決めつつある皆さんのために書かれました。

　ということはカテゴリとしては、「留学のガイドブック」になります。

　ですが、いわゆる実用書や参考書としての「留学の手引き」とか「留学マニュアル」ではありません。細かな出願方法であるとか、その際の英語での書き方など「出願の実際」について説明するのは本書の目的ではないからです。

　本書は、ただひたすらに「合格するためには、どんな基準をクリアすべきか」という1点に絞って記述した本です。

　アメリカの大学入試は「ペーパーによる一発勝負」ではありません。また「一芸入試」や「推薦入試」でもありません。

　各大学の入試事務室（アドミッション・オフィス＝AO）に書類を提出して、審査してもらうのです。つまり書類選考なのですが、提出する内容は多岐にわたっており、非常に厳格な審査がされるのです。

　例えば、ハーバードやプリンストンといった難関校の場合は、入学者数の10倍以上の出願があると言われています。合格率に関しては、6％とか7％という数字です。

　何が合否を分けるのかというと、もちろん、SAT（エスエーティー）などの統一テストの点数や内申書の成績も重要ですが、その他に提出する履歴書の内容や、自分で書いて提出するエッセイの内容がモノを言うのです。

　では、本書は「模範的な願書の書き方」を示しているのかというと、そうではありません。

模範的な願書とか、模範的なエッセイの答案というものは「ない」のです。
　それは、各大学が「あなたという個性」を評価して、その個性を大学のコミュニティに迎えることが、自分たちの大学にとって「より多様で活性化された環境を実現する」ことにプラスになるかどうかを、個別に、ある意味では主観的に、しかし真剣に判定してくるからです。

日本で言えば、大学入試よりも就職試験に近い

　そこで、重要になってくるのが「合格基準」という考え方です。
　いわゆる「アイビーリーグ校」をはじめとしたアメリカの名門大学は、どんな「合格基準」を持っているのか、この点を理解することが大切になってきます。
　どんな基準なのでしょうか？
　一つ思い浮かぶのは、日本の大学生が就活で経験する、企業の採用試験の「選考基準」です。
　そこでは「コミュニケーション能力」であるとか、「地頭（じあたま）＝知的な基礎能力」あるいは「その企業や業界に関する基礎的な知識」などが問われます。また「リーダー候補」という資質を問う場合もあります。
　そうした意味では、アメリカの大学の「合格基準」というのは、日本の社会で言えば大学入試よりも、就職試験に近いかもしれません。
　ですが、日本の就職試験については、面接の対策本などを徹底して研究すれば、ある程度は「対策」ができてしまうわけです。つまり、ある「模範的な態度」というのがあり、また「想定される質問の答え」を準備することも可能と言えば可能なわけです。

　一方、アメリカの名門大学の入試は、そのような「甘い」ものではありません。入試に受かることを目的として本を読むとか、練習をすると

いった「対策」では届かない世界がそこにはあるのです。

　あえて例を挙げれば、プロスポーツ選手が「スカウトされるかどうか」といった基準、あるいはプロのミュージカル劇団が「将来の主役候補を選考する」際の基準というのが、イメージとしては近いように思います。基礎が出来ていて、その基礎能力を示すデータがあり、そして何らかの経験の蓄積と、「他の平凡な候補にはないプラスアルファの才能がある」という「基準」です。

　こう言うと、何とも漠然としたイメージであるとか、それではあまりに主観的で不公平という印象を持つかもしれません。ですが、そうではないのです。

　アメリカは建国から240年近く、そして名門大学の多くは建国の前からありますから250年以上の歴史を刻んでいます。その長い時間、各大学はこのようにして選考を続けてきました。その結果として、ノーベル賞を受賞したり、発明発見で人類の生活を一変させたりするような人材、さらには大統領や企業のリーダーなどを育ててきています。

　そこには、ある「確立した合格基準」というものがあるのです。そして、その基準を知ることが、合格への近道、つまり「合格になる願書を書くための具体的な態度」を知ることになるのです。

アメリカの大学の「合格基準」を知る意義

　留学志望の皆さんにとって、アメリカの入試というのは、あくまで留学生入試であるかもしれません。

　Chapter 5 で詳しく述べますが、留学生として日本から出願する場合には、アメリカの高校生が通常の入試に出願するのとは、要求される内容が異なります。留学生が出願にあたって提出するのは、TOEFL（トフル）のスコアと内申書・履歴書で良く、SATやACT（エーシーティー）の点数を要求されるアメリカ国内の受験生とは違う出願方法が適用される場合が多いからです。

ですが、受験生を選抜するにあたって、どのような基準で選考するかという「合格基準」に関しては、国内生も留学生も全く同一であると考えられます。

合格に役立つだけではありません。
アメリカの大学の「合格基準」を知ることは、アメリカの大学の「期待される学生像」を知ることになります。つまり「この大学はどのような学生に来て欲しいのか」あるいは「入学前に何を身につけておいて欲しいのか」ということです。
入試制度の「合格基準を理解する」ということは、この「期待される学生像」や「入学前に学んでおいて欲しいこと」を理解するということになるのです。
つまり、本書の示している「合格基準」というのは、入学後にどのような心構えでキャンパスライフをスタートさせるかという疑問への答え

Princeton University

にもなるのです。

　巻末には、アイビーリーグ加盟の8校をはじめとしたアメリカの名門大学30校の紹介と、入試の統計データおよびエッセイ問題などの傾向を資料として付けています。具体的な志望校の決まっている方も、ぜひ30校すべての入試の傾向データをご覧いただいて、改めてアメリカの大学入試の全体像をつかんでいただきたいと思います。

　なお、以下の記述に関しては、私が1997年以来、ニュージャージー州のプリンストン日本語学校高等部で多くの卒業生の進路指導を行ってきた経験がベースになっています。

　この学校は、小規模ではありますが、日本語と英語の双方を学んだバイリンガルの生徒を送り出す学校です。そして、卒業生の半数は日本の大学に進学しますが、半数はアメリカの大学を進路として選びます。その場合は、アメリカの国内生として出願をするわけです。

　そうしたことを17年近く続けてきた中で、卒業生を、プリンストン、コロンビア、コーネル、カーネギー・メロン、ジョンズ・ホプキンス、ハヴァフォード、スワースモア、ウエスレヤン、ボストン大学、ニューヨーク大学、ロチェスター、ワシントン大学（セントルイス）、ミシガン、マイアミ、ラトガース、ラファイエット、シカゴ、バーナードなどといった学校に送り出してきました。

　彼らの相談に乗りながら、高校の期間を通した成長を見守り、そして卒業後も折にふれて連絡を取り合う中で、アメリカの大学入試制度を生きた格好で経験できたことになります。

　その際の指導の試行錯誤や、進学後の卒業生たちから聞く経験談、そして彼らの生き方などから得た経験が本書のベースになっています。

　また、これに加えて、自分の長く居住しているニュージャージー州中部の公立校学区を通じて見てきたアメリカの公教育への理解、そして様々な報道を通じて得た情報も参考にしています。

　そうした意味では、観点としてはアメリカ東海岸の、比較的勉強熱心

なエリアという地域特性に基づくものであることは否定できません。ですが、大学入試制度の分析ということで言えば、十分に意味のある「定点観測」であると考えます。

何よりも、多くのアメリカ人の高校生や高校教師にとっても「ミステリアスな世界」である、アメリカの名門大学の「合格基準」というものを、かなり本質的な部分に肉薄した形で「文章化」ができたのではないかと自負しています。

Chapter 1 以下で詳しく述べますが、その「合格基準」というのは、受験生についての「人格」の記述です。もちろん、人格そのものを完全に記述することはできませんが、AO の審査官が「この人はこういう人格ではないか」ということをイメージしやすいように書く、それが合格の大前提になります。

なお、本書の完成にあたっては、プリンストン日本語学校の卒業生に加えて、同僚の先生方の助力に負うところが大きかったことを記させていただきます。特にカルダー淑子理事長と、モイヤー康子プリンストンコース・ディレクターとの長年にわたる意見交換がなければ、これだけの合格実績を実現することは不可能であったでしょうし、本書をこうした形にすることもなかったと思います。

それでは、読者の皆さんの健闘を祈ります。

2014年初夏のプリンストンにて
冷泉彰彦

志望校を どうやって 選ぶのか？

 ## 1-1 受験シーズンは秋にスタートする

　すべてが「秋入学」によりスタート。

　これが、アメリカの教育制度のカレンダーです。幼稚園から高校、大学、大学院まですべて新学年は秋に始まり、初夏に終わります。日本では新しい学年のスタートは桜の季節ですが、アメリカでは入学も進学も秋風とともにということになります。

　この秋の新学年の時期は「バック・トゥ・スクール」と呼ばれています。

　夏休みの間は学校から離れていた生徒たちが、文字通り「学校へ戻って来る」という意味なのですが、そこには漠然と「イヤだなあ」というニュアンスが伴っています。

　日本の「桜の季節の新学期」には「新たな世界への門出」というポジティブなイメージがありますが、アメリカの子どもたちにとっての新学年は、残念ながら「長い夏休み」の終わりを意味しているからです。

　なかでも、高校の最高学年である４年生に進級する生徒たちは、この「バック・トゥ・スクール」の季節をとりわけ憂鬱な気分で迎えることになります。

　他でもありません、高校４年生（シニアイヤー）のスタートは、同時に大学への出願という「受験の季節」のスタートを意味するからです。

　なお、アメリカでは小学校から高校までの12年間の分け方が地域によって多少異なり、高校が３年制の地域もあるため、シニアイヤーは「12年生」とも呼ばれます。

　アメリカの「受験の季節」は、とても長い期間にわたっています（以降の出願や志望校選択に関する考え方は、海外からの留学生にも全く同一の適用がなされますから、正確に理解するようにしてください）。

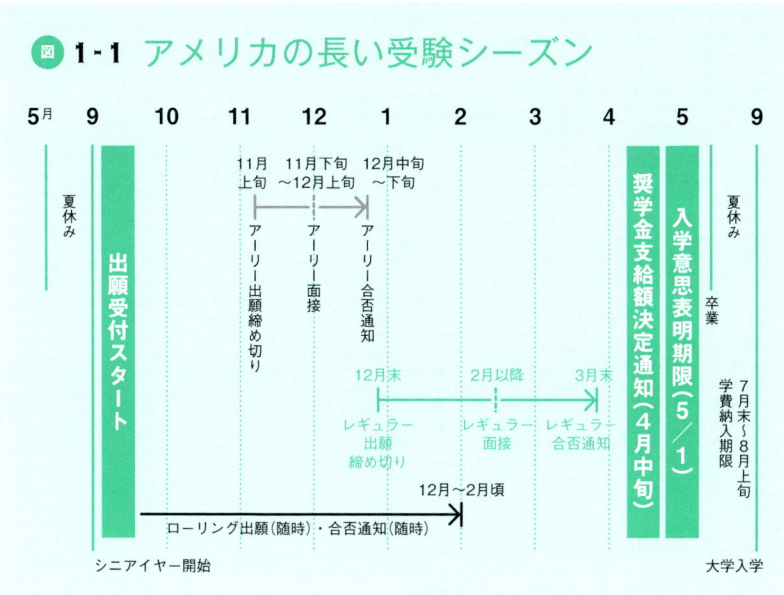

図 1-1 アメリカの長い受験シーズン

　秋の新学年入りとほぼ同時に、各大学は1年後の秋に入学する新入生の出願受付を開始します。出願の締め切りは、通常2段階あります。早期応募の「アーリー（Early）」の締め切りが11月上旬、合否発表は12月の中旬から下旬、その他の一般的な「レギュラー（Regular）」の応募締め切りは12月末で合否発表は3月末、多くの大学ではそのような日程になっています。

　ちなみに、この「アーリー」で合格してしまえば、12月一杯で受験のプレッシャーから解放されることになります。詳しくはその項で述べることにしますが、「アーリー」は「専願」という条件がついている場合が多く、「アーリー」に受かってしまえば自動的に進学先が決定することにもなるからです。

　その一方で、多くの学生は3月の「レギュラー」の結果を待つことになります。この場合は、もう後もないことですし、また「専願」という縛りがないために受験生は多くの大学に出願が可能です。

複数の大学に合格した場合は、全国的に「5月1日」が入学意思表明の締め切り日になっているので、この日までに進学先を絞り込まねばならず、進路についていろいろと悩むことになります。

　さらに新入学の学費納入の締め切りは7月末か8月上旬に設定されており、多くの場合は半年分の授業料と寮費をここまでに納入しなくてはなりません。
　親の方は、いきなりやってくる授業料の請求書を見てため息をつくわけですが、何らかの金策をして納入すると、ようやくこれで「受験の1年」が完了するわけです。
　その後に、ようやく入寮準備ということになります。
　つまり、アメリカの大学入試は「まる1年がかりの大仕事」だと言っていいでしょう。
　本章から次のChapter 2にかけては、まずこの「受験生の1年間」を順に追うことで、アメリカの入試制度の特徴について、臨場感を持って体験していただくことにしようと思います。

1-2 日本とは違う志望校選びの難しさ

　志望校の選び方、まずこれが何と言っても難題です。
　日本の場合は、まず理科系（理系）か文科系（文系）かを高校入学後の早期に選ぶところから、比較的順序を追って決めていくことができるようになっています。
　つまり、進学先については地元にするか、首都圏に行くか京阪神に行くかを決めれば、後は模擬試験の偏差値を見て「自分の入れそうな大学」を選ぶことになり、それが「大学選び」ということになります。
　センター試験を前提に、幅広い科目で好成績を上げていれば国公立、そうではなくて理系の場合に国語や社会は苦手だとか、自分は数学と理

図 1-2 日本とアメリカの志望校選びの違い

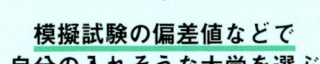 日本では
- 理系か文系か
  （高校在学中に決める）
- 地元の大学か首都圏・京阪神の大学か

↓

模擬試験の偏差値などで自分の入れそうな大学を選ぶ

- 幅広い科目で好成績　→　国公立
- 苦手な科目がある　→　私立

** アメリカでは**
- 偏差値による序列がない
- 名門校にもいろいろな種類がある
- 理系と文系の区別がない

↓

将来の専攻から志望校を決める

- ロケーション（立地）で絞り込む
- 大学の規模で絞り込む

科が苦手なので文系という場合は、自然に私立が志望校になっていく、そんな流れでもあります。

　また医師とか教師など、学部選択が将来の職業に直結している場合もあり、こうした職業に就きたいという形で自分の進路が決まっていれば大学の選択はさらに簡単になります。

　そうした絞り込みをした後で、いよいよ出願ということになるのですが、私立の場合は受験日が重なることが多いので、ほぼ自動的に併願先は限定されます。国公立の場合は専願になるので、センター試験の結果を見て決めることとなります。

　概略としてそうした「選び方」になるわけですが、こうしたプロセスに加えて、近年では推薦入試も盛んになっています。高3の秋に推薦で決まってしまえば、その学生にとっての「受験」はそれで終わりです。

　一方で、アメリカの受験生の場合は大変に複雑です。

その背景には日本とは異なる事情があります。まず、偏差値で序列があるわけではないし、序列的なものはあるにしても、その中で「少しでも上に」入ればいいという単純な決め方ができないのです。

大きな括りとしての「格の違い」はあるのですが、1校刻みの「序列」というものはないからです。

ハーバード（Harvard）かスタンフォード（Stanford）か、プリンストン（Princeton）かMIT（マサチューセッツ工科大学）かというのは、併願して複数受かったとして、第三者から見れば「贅沢な選択」なのかもしれませんが、どちらを選ぶのかは決して楽な選択ではありません。

同じように、それぞれのレベルの中には様々に個性的な大学が並んでおり、それぞれに明確な序列というものはないのです。

東海岸でアイビーリーグと同等のグループと言われる、カーネギー・メロン（Carnegie Mellon）、シカゴ（University of Chicago）、ジョンズ・ホプキンス（Johns Hopkins）、ジョージタウン（Georgetown）、ワシントン大学（セントルイス。通称「ワシウ」Washington University）、デューク（Duke）、ボストン・カレッジ（Boston College）といった大学群にしても、序列化は簡単にはできません。

これとは別に、少人数教育で定評のある「リベラルアーツ・カレッジ」という存在もあります。女子学生の場合は、女子大学という選択も可能で、レベル的にはこれも十分に名門大学のカテゴリに入ってきます。

1-3　理系と文系の区別すらない

そもそも、「理系と文系」という区別もありません。

MITやカリフォルニア工科大学（通称「カルテック」California Institute of Technology）、ジョージア工科大学（Georgia Institute of Technology）など理系だけの大学もあるにはあるわけですが、例えばMITにはMBA（ビ

ジネス実務の大学院）が併設されているなど、日本的な理工系大学の枠組みには収まりません。

つまり、アメリカの大学の場合には、一般的には理系と文系の区別はなく、出願も合否選考も一括で行われるのです。漠然と文系だからということで、志望校が自然に絞り込まれるということでもないし、文系だから競争率が低いというようなことはありません。

つまり、日本のまず「理系か文系か」を決め、「偏差値で東大文二はボーダー、滑り止めは早慶」あるいは「京大狙いで、関関同立も受けておく」的な選択方法は取れないことになります。

では、アメリカの高校生はどうやって志望校を選ぶのでしょうか？

1-4 名門イコール「アイビーリーグ」ではない

志望校選びについて考える前に、アメリカの大学に関してはどのような「カテゴリ分け」ができるかを整理しておきましょう。

まず、トップクラスのいわゆる名門大学ですが、「格」として、その頂点に存在するのが「アイビーリーグ（Ivy League）」であると言われています。「リーグ」というのは「連盟」という意味であり、実際に連盟組織があってプリンストンに本部が設置されています。東海岸の歴史の古い伝統校による連盟として存在しており、参加校は8校です。

この8校の中では、世界的にはハーバードが有名であり、これにプリンストン、イェール（Yale）が続いている、そんなイメージが出来上がっています。

実際にこの3校は学部の部分は決して大規模校ではなく、それぞれ1学年ごとの学部学生は1500人前後であることから、確かに入学は狭き門であり、卒業証書も希少価値であるということは否定できません。

ですが、この3校があらゆる専攻において秀でているかと言うと決してそんなことはありません。これに続く都市型のアイビー校であるコロ

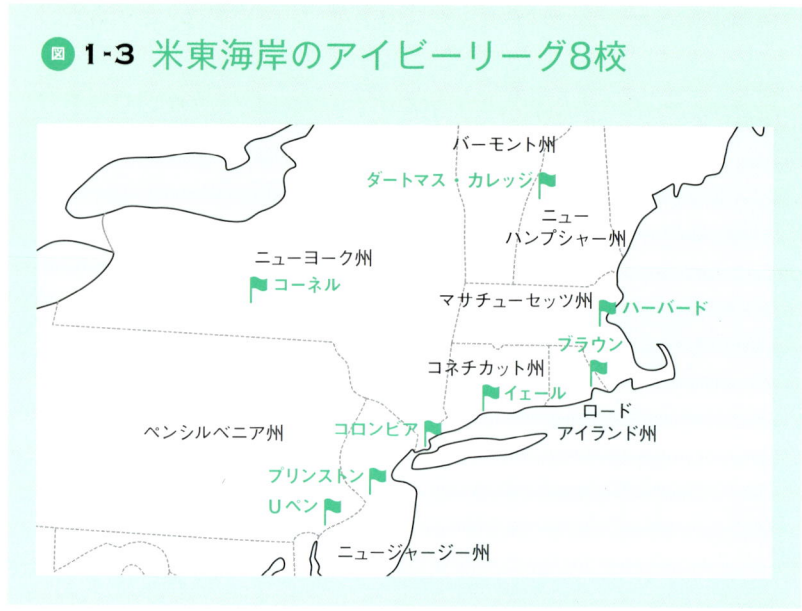

ンビア（Columbia）や、ペンシルベニア（通称「Uペン」University of Pennsylvania）、さらにはブラウン（Brown）、やや規模が大きい一方で学内の競争が激しいコーネル（Cornell）、そして自然に抱かれた環境にあるダートマス・カレッジ（Dartmouth College）と、加盟校の8校はそれぞれに強みを持っており、強烈なプライドと卒業生組織の結束力を誇っているのです。

　このアイビー連盟校に加えて、西海岸のスタンフォード、ハーバードに隣接する工科大学のMITという2校も、プライドの高さと卒業生の結束力ということでは、アイビーと同格と考えられています。

　事実上、こうしたトップグループと同格の大学は他にもあります。
　ジョンズ・ホプキンス、ジョージタウン、ボストン・カレッジ、ライス（Rice）、デューク、カーネギー・メロン、ワシウ、シカゴ、ノース

ウェスタン（Northwestern）といった私学名門の各校を、とりあえずそのグループだと言っていいでしょう。

このグループは、専攻によっては「全米でナンバーワン」の分野を持っていると同時に、学部・大学院全体の教育レベル、学生のレベルも十分にトップ級だと言えます。

さらに、都市に密着した環境で、それぞれに独自の校風を持っているニューヨーク大学（通称「NYU」New York University）、マイアミ大学（University of Miami）、ボストン大学（通称「BU」Boston University）、南カリフォルニア大学（通称「USC」University of Southern California）なども「私学の雄」的な存在であり、全国的な人気と評価があります。

1-5 独特の存在の名門校もある

こうした大学群とはまた別に、独特の存在として超難関の大学が数校あることも忘れてはなりません。

一つは軍の幹部候補生育成のための大学です。アメリカの軍は「5軍」制度を取っています。「陸軍、海軍、空軍、海兵隊、沿岸警備隊」の五つであり、それぞれに幹部候補生養成のための大学を持っています。

なかでも陸軍士官学校（通称「ウェストポイント」United States Military Academy）、海軍兵学校（通称「アナポリス」United States Naval Academy）は名門中の名門ということになっており、学業成績という点ではアイビーと同格の難関であるとされています。

ちなみに、入学にあたっては米国市民権の保有が条件であるばかりか、一親等以内の家族も米国市民であることが要求されるようです。従って海外からの留学ということは制度上不可能ですが、大学としてアメリカ社会の中でどう評価されているかを知っておくことは必要だと思います。

もう一つのカテゴリは、宗教系の大学です。特にユタ州のソルトレイクシティーにあるブリガム・ヤング大学（Brigham Young University）は、末日聖徒イエス・キリスト教会（いわゆるモルモン教団）の設立している私立大学ですが、これも超難関であり、全米で最高レベルの教育を行っているという評価があります。

1-6 リベラルアーツ・カレッジとは？

こうしたグループ全体を「名門大学グループ」と呼ぶのであれば、実はこれに加えて三つのカテゴリを加えなくてはなりません。

それは、「リベラルアーツ・カレッジ」、女子大学の「セブン・シスターズ」、「公立大学に併設のオナーズ・カレッジ」という三つのカテゴリです。この中にも、大変に優れた大学があり、併願リストの中では十分に考慮の対象となってきます。

まず「リベラルアーツ・カレッジ（Liberal Arts College）」ですが、これはアイビーや名門の大規模私学のように「ユニバーシティ」を名乗らない大学群です。あくまで「カレッジ（単科大学）」を名乗っていることから「手軽な」という印象を受けるかもしれませんが、決してそうではありません。

特に、「リトル・アイビー（Little Ivy）」というニックネームで呼ばれる大学群を中心として、名門総合大学と比肩する教育体制を備えており、優秀な学生を集めているのです。その「リトル・アイビー」ですが、ホンモノのアイビーとは違って連盟組織があるわけではないので、何をもって「リトル・アイビー」とするかはいろいろな説があります。

最も広い定義を採用するならば、

- アマースト・カレッジ Amherst College（マサチューセッツ州）
- ベイツ・カレッジ Bates College（メイン州）

- ボードイン・カレッジ Bowdoin College（メイン州）
- コルビー・カレッジ Colby College（メイン州）
- コネチカット・カレッジ Connecticut College（コネチカット州）
- ハミルトン・カレッジ Hamilton College（ニューヨーク州）
- ハヴァフォード・カレッジ Haverford College（ペンシルベニア州）
- ミドルベリー・カレッジ Middlebury College（バーモント州）
- スワースモア・カレッジ Swarthmore College（ペンシルベニア州）
- トリニティ・カレッジ Trinity College（コネチカット州）
- ウィリアムズ・カレッジ Williams College（マサチューセッツ州）

の11校、さらにこれに「カレッジ」を名乗らないウエスレヤン大学（Wesleyan University コネチカット州）とタフツ大学（Tufts University マサチューセッツ州）を加えてもいいでしょう。

ちなみに、アイビー8校の一角を占めるダートマス・カレッジは（実際は大学院も併設されているのですが）、この「リベラルアーツ・カレッジ」のカテゴリに入れることもできます。

 1-7 小規模で柔軟性が高い リベラルアーツ・カレッジ

この「リベラルアーツ・カレッジ」ですが、いくつかの特徴があります。

第1は小規模ということです。1学年あたりの学生数が1000人前後以下という中で、カウンセラーや教授陣が個々の学生と家族的なコミュニケーションを取る雰囲気があると言われています。この点は、在学生や卒業生に聞くと重要な点だそうです。

第2は（厳密に言うと例外もあるのですが）、大学院を併設していないことです。院を併設していないということは、教授は院生の指導をしていないわけで、一見すると「最先端の学問から遠い」印象を受けるか

図 1-4 リベラルアーツ・カレッジの四つの特徴

小規模 （1学年1000人以下）	大学院がない
主専攻と副専攻の選択が柔軟	ロースクールや メディカルスクールへの 進学実績が良い

もしれませんが、決してそうではありません。

むしろ、学部学生への指導のプロに徹しながら自分の研究に専念できる、つまり総合大学の教授陣のように、学部生指導＋院生指導＋研究という「三つのタスク」を背負っているわけではないので、より行き届いた研究ができるという評価もあります。

第3は、幅広い専攻科目を揃えている中で、主専攻（メジャー）と副専攻（マイナー）の選択の柔軟性が高いということが言えます。

例えば、バイオテクノロジーと美術史などという「意外な組み合わせ」を主専攻＋副専攻にして卒業するなどということは、大規模な総合大学では学科によってキャンパスが異なるとか、専攻科目のプログラムが欲張りすぎていて、別分野の副専攻との両立が難しいなどの問題が生じることがあるわけですが、小規模で融通の利く単科大学の場合は比較的楽だと言われています。

第4は、これは意外な点なのですが、単科大学であり大学院の併設されていない「リベラルアーツ・カレッジ」の方が、意外と「ロースクール（法科大学院 Law School）」や「メディカルスクール（医科大学院 Medical School）」への進学実績が良いということが指摘できます。

柔軟なカリキュラム編成を活かして、「プリ・ロウ（法科大学院予科 Pre-Law）」や「プリ・メッド（医科大学院予科 Pre-Med）」のコースで高い評価を得ている場合があるのです。
　そんなわけで、この「リベラルアーツ・カレッジ」というのは知る人ぞ知る存在として、アメリカの大学界の中で独自の地位を占めているのです。

1-8 アメリカの「女子大」は侮れない存在

　次のカテゴリは、女子大学です。アメリカの場合は、1970年代まで名門大学はすべて男子校でした。そうした時代にあって、例えば東海岸の場合、女子の高等教育を担っていたのが次の「セブン・シスターズ（Seven Sisters）」と言われる7校です。

- バーナード・カレッジ Barnard College（ニューヨーク州）
- ブリンマー・カレッジ Bryn Mawr College（ペンシルベニア州）
- マウント・ホリヨーク・カレッジ Mount Holyoke College（マサチューセッツ州）
- ラドクリフ・カレッジ Radcliffe College（マサチューセッツ州）
- スミス・カレッジ Smith College（マサチューセッツ州）
- ヴァッサー・カレッジ Vassar College（ニューヨーク州）
- ウェルズリー・カレッジ Wellesley College（マサチューセッツ州）

　この内のラドクリフ・カレッジは、元来がハーバードの姉妹校だったのですが、ハーバードの共学化に伴って1977年から99年にかけて段階的に統合を果たし、現在はハーバードの一機関という位置づけになっています。
　また、ヴァッサー・カレッジは1969年に共学化されています。従っ

て、女子大学の「シスターズ」というのは、現在では「セブン」から二つ減った「ファイブ・シスターズ」となっているわけです。

　こうした女子大学ですが、内容は前述した「リベラルアーツ・カレッジ」と同等と考えて良いと思われます。
　例えば、ペンシルベニア州のフィラデルフィア郊外にあるブリンマー・カレッジの場合は、キャンパスの近いハヴァフォード、スワースモアの2校と提携関係にありますし、マウント・ホリヨーク・カレッジの場合は同じく、近所のアマースト・カレッジと提携関係にあります。
　また、バーナードは長年にわたってコロンビアの姉妹校という位置づけがあるのですが、現在もそのコロンビアとの関係は続いています。このように、教育の水準と体制は「リトル・アイビー」や「アイビー」に劣らないし、大学の「格」としてもそのように考えられています。

 1-9　ヒラリー・クリントンも女子大学出身

　共学校が主流の現代において、こうした女子大が存在している理由ですが、いわゆる「良妻賢母教育」が行われていたり、男子と対等に競うことを忌避したい学生が集まっているかというと、実際は違います。そうではなくて、その反対だと言われているのです。
　むしろ、社会に残っている女性への差別や偏見と「戦う姿勢」を持った学生が多く、各大学の誇る同窓会組織なども利用しながら、社会的には「より上昇志向の強い」学生が集う場所だというイメージの方が実情の説明としては合っているようです。
　ヒラリー・クリントン氏がウェルズリーの卒業生（院はイェールの法科大学院）というのも、決して偶然ではないですし、彼女がウェルズリーに在学していた際にベトナム反戦運動に積極的に参加していたというのも、アメリカの「女子大カルチャー」としては例外ではなく、むし

ろ本流に属すると見るべきです。

　幕末の戊辰戦争の際に、会津藩士の娘として官軍と戦った後に単身アメリカに留学した山川捨松という女性がありました。彼女はヴァッサーに入学して、優秀な成績で卒業しています。日本女性として、アメリカの学士号取得第1号は彼女です。

　帰国後の山川捨松は、やがて陸軍のリーダーとして日露戦争の指導をする大山巌の妻となりますが、今でもヴァッサー・カレッジのホームページには山川のエピソードが掲載されています。今に語り継がれているイメージは、大山元帥夫人としての彼女というよりも、会津で奮戦した女傑という伝説であり、それもまたアメリカの「女子大カルチャー」というわけです。

 ハイレベル教育を志向する公立大学

　次に名門大学に比肩する教育を行っている大学群として、「公立大学に附設されたオナーズ・カレッジ（Honors College）」という存在があります。

　東海岸で言えば、ペンシルベニア州のペンシルベニア州立大学（通称「ペンステート」The Pennsylvania State University）、ニュージャージー州のラトガース大学（Rutgers University）、中部ミシガン州のミシガン大学（University of Michigan）などは、大規模な公立大学として有名であり、卒業生は全米の各方面で活躍しています。

　こうした大学は、ともすれば優秀な学生にとっては「名門私大の滑り止め」という位置づけ、つまり併願時の「セーフ・スクール（安心して合格できる大学）」というイメージになっていました。つまり、優秀な学生の獲得競争では遅れを取っていたのです。

そこで各校は、通常の各学部学科とは異なる「優秀な学生の在籍するカレッジ」として「オナーズ・カレッジ（特待生の在籍学科）」というものを設けるようになりました。
　この「オナーズ・カレッジ」ですが、出願は通常どおり母体の州立大学へ行います。その際に、「オナーズ・カレッジ」への入学希望がある場合は、その旨を届け出るというシステムになっている大学もありますし、その場合には追加のエッセイを提出しなくてはならないということもあります。
　そして、出願者の中から、あるいは出願者中の希望者の中から選抜する形で、特に成績優秀な学生には「オナーズ・カレッジ」入学が許可されるという仕組みとなっています。

1-11 オナーズ・カレッジは授業料などで優遇がある

　多くの場合、この「オナーズ・カレッジ」に入ると、授業料が半額もしくはゼロ、その一方で設備の優れた専用の寮に入居できるとか、毎学期のコース選択にあたって競争率の高い人気講義を優先して取れるなどの特典があります。
　大規模校でありながら、その中での人気授業だけをピックアップして選択できるとか、専用寮に入ってキメの細かいサービスが受けられるということでは、この「オナーズ・カレッジ」というのは、私立の「リベラルアーツ・カレッジ」に似ていると言っていいでしょう。
　一方で、同じ公立でも西海岸のカリフォルニア州の州立「UCシステム」の中では、例えばカリフォルニア大学バークレー校（通称「UCバークレー」University of California, Berkeley）とかUCLA（University of California, Los Angeles）など、特にUCバークレーは全体が「オナーズ・カレッジ」と言っていいぐらいの高評価を受けているわけです。
　いずれにしても、こうした様々なカテゴリの間にある違いを考えるこ

とも、自分の志望校を決定する上で重要になってくるのです。

1-12 将来の専攻から志望校を決めるのが王道

　志望校の決め方ですが、王道を行くのであれば、自分の将来の専攻を予め決めておき、その専攻の部分で最も評判の高い大学から順に調査していくということになります。これが選択方法としては最も間違いがありませんし、出願にあたって大学側の心証も非常に良いということになります。

　例えば、理工系の場合は特にそうなのですが、学部での専攻がそのまま就職や院進学など将来のキャリアに直結していきますし、その中で各校の評判を調べていけば自ずと志望校が決まってくるのです。

　東海岸で言えば、バイオメディカル・エンジニアリング（生体医工学）であればジョンズ・ホプキンスが良いとか、原子核物理ならプリンストン、ナノテクならUペン、航空宇宙ならジョージア工科大学、コンピュータサイエンスならカーネギー・メロンといった具合に、有名教授の存在やカリキュラムの卓越性などで各校の評価があるわけです。

　例えば、人気学科であるコンピュータサイエンスに関して言えば、西海岸のシリコンバレーが全米の中心であり、そうした環境に育った高校生の中にコンピュータサイエンスの専攻を志望する人数は多くなっています。

　ですが、コンピュータサイエンスに特化した教育ということで言えば、西海岸にはカルテックという存在があるものの、カルテックは定員が大変に少ない狭き門であるために、学生が東海岸に近いピッツバーグにあるカーネギー・メロンに流れてくるのです。

　西海岸にも、UCLAやUCバークレー、あるいはスタンフォードといった名門校はあるのですが、コンピュータサイエンスという専攻を決

めている学生には、カルテックがダメなら遠くてもカーネギー・メロンという選択をするわけです。

　いわゆる文系的な専攻の場合も事情は同じです。
　金融工学ならUペン、マクロ経済ならプリンストンやシカゴ、ジャーナリズムならコロンビアやシラキュース（Syracuse）、国際関係ならジョージタウンやタフツなどというように、大学ごとに得意分野というのが世評として確立している場合は、そうしたものを参考にしながら、教授の陣容やカリキュラムなどを調べて志望校を決めていくことになります。
　例えば「ホテル業のマネジメント」に特化した教育を行う学科を持っていて、それが国際的に評価されているコーネルのような場合は、この分野でのキャリアを目指す学生には憧れの的となるわけです。
　さらに、将来は医科大学院あるいは法科大学院というような「職業大学院」から有資格専門職を狙うのであれば、それぞれの学部段階での専攻つまり「プリ・メッド」あるいは「プリ・ロー」の評価の高い大学、そして難関大学院への合格率などを見て決めるということもあります。

　アメリカでは、主専攻（メジャー）と副専攻（マイナー）として二つの専門分野の勉強をしたいという学生も多くなっています。
　自分はサクソフォンが上手なので音楽家としてセミプロあるいはプロのキャリアを目指しているが、同時に法学もやっておきたいとか、ファイナンスをやりながらアジアの文化も勉強したいというような場合には、その組み合わせが可能な大学、その上で両方の分野で評価の高い大学という観点で決めていくことになります。

1-13 ロケーション(立地)で志望校を絞り込む

　進学後の専攻を決めて、そこから志望校を絞り込むというのは王道ですが、それだけで大学を決めることはできません。では、アメリカの高校生は、その他にどんなポイントに留意して志望校を決めているのでしょうか？

　まずロケーション（立地）の問題があります。

　アメリカの場合は、日本のように「自宅通学」というチョイスをするケースは少ないのです。寮生活というものが学生生活の中で重要な位置づけになっていることもあり、1年生には入寮を義務づける大学も多いからです。

　その場合に、自宅からどの程度離れるかというのは重要な問題です。近すぎては「人生の新しい出発」という感じがしないし、あまり遠くては帰省費用がバカにならないわけで、そうした「自宅からの距離」の問題が一つあります。

　もう一つ、アメリカの場合は「都会の大学」か「自然の中の大学」かという選択をしなくてはなりません。

　アメリカでも東京や京都のように大学が都市の中にある場合もありますが、その一方で郊外の大学街にあるとか、郊外どころか大自然の中にポツンとキャンパスが存在している場合もあります。そんな中で、都会か自然かというのは大学生活を左右する問題になります。

　そうは言っても、アメリカの大学、特に名門大学のカリキュラムは厳しいので、平日は授業以外に6時間から8時間といった時間を自習にあてなくてはなりません。その点では、大学が都会にあるか、自然の中にあるのかはあまり関係はないとも言えます。

　日本では問題になる「バイト先があるか」などという問題も重要ではありません。学期中にパートタイムジョブをするということは、厳しい

カリキュラムの名門大学では大変に難しいからです。

問題は週末です。金曜の晩から思い切り都会型のライフスタイルを満喫してリフレッシュするのがいいのか、自然に囲まれた環境で静かにあるいはスポーツなどを中心に過ごすのがいいのか、これは個々の学生にとって重要な問題になります。

質量ともに厳しい宿題や、試験と成績など大学生活のプレッシャーは重いものがあります。そうした中で「サバイバル」を図るためには環境というのは無視できない要素と考えられているのです。

都市型の大学ということで典型的なのは、ニューヨークのコロンビア、ニューヨーク大学（NYU）そして、ボストン市内のボストン大学（BU）などです。特にNYUとBUは華やかなダウンタウンの中にキャンパスがあるということもあって、都会派の学生に人気があります。

一方で、アイビーリーグの場合、プリンストン、コーネル、ダートマス・カレッジの3校は自然派向けということになります。この中でも多少の差はあり、プリンストンは環境としては完全に郊外型ですが、キャンパスから鉄道でニューヨークやフィラデルフィアに直結しており、週末を都会で過ごすこともできるようになっています。

反対に、コーネルのあるニューヨーク州のイサカはマンハッタンからバスで5時間、ダートマスのあるニューハンプシャー州のハノーバーはボストンからバスで3時間と、大都市のライフスタイルとは相当に隔絶された環境になります。

私の教え子の中でも、NYUに進学した学生は、日曜から木曜まで自習時間が1日平均9時間と猛勉強する一方で、金曜と土曜は思い切りニューヨークライフを満喫するのが生き残る道だという言い方をしていました。一方で、別の学生はこれとは反対に「自然派のキャンパス」を志向していて、多くの大学に見学に行った結果、プリンストンかダートマスしか自分に合わないと判断して、結果的にプリンストンで充実した4年間を過ごしています。

もう一つ、気になるのが治安の問題です。大都市のダウンタウンに近い大学は、どうしても「荒れた地域」に隣接していることが多くなっているからです。

この点に関して言えば、近年では全国的に大学のキャンパス内の治安は改善していますし、大学ごとにキメ細かな安全対策を行っているのも事実です。

ちなみに、アイビー８校の中で言えば、マンハッタンのハーレムに隣接したコロンビア、ニューヘイブンの一時はスラム化していた地域に近いイェール、同じく駅前のやや荒れた地域に隣接したＵペンの３校を含めて、過去10年間に学生が巻き込まれた偶発的な傷害事件というのは起きていません。

ですが、それでも気にするのであればやはり郊外型というチョイスになるわけです。

1-14 大学の規模で志望校を絞り込む

ロケーションに次いで重要なのが、大学の規模です。

アメリカの大学は、新入生が１万人単位で入る大規模な州立大学から、定員が１学年数百人の小規模なカレッジまで千差万別となっています。

まず、大規模な大学ですが、もちろん規模を活かした利点はいろいろとあります。専攻分野の選択肢が広いこと、従って主専攻（メジャー）と副専攻（マイナー）の組み合わせの可能性も多いこと、何よりも授業のバリエーションが多いこと、キャンパスの敷地が広く、無料バスシステムからフットボールスタジアム、学生会館に至るまで設備が整っていることなどが挙げられます。

その一方で、人気の講義は劇場のような大教室での授業になります

し、そうした場合は担当教授と懇意になって相談に乗ってもらうということは難しくなります。

　良い成績を取る競争、あるいは人気の授業を取る競争などストレスも大きいですし、何よりも学業や就職に関するカウンセリングなどのサービスは、一人一人の学生にキメ細かくというわけにはいかない傾向があります。

　その一方で、小規模な大学にはアットホームな雰囲気があり、学生と教員の関係も親密ですし、カウンセリングや学習サポートのシステムもキメ細かく、面倒を見てくれる場合が多いと言えます。

　この「大学の規模」という点で「自分と合わない」ということになると、学生生活は辛いものになってしまいます。

　そして、もちろん、学力や成績などの要素を考えて「合格できるのか」という問題、そして「合格した場合に授業料が払える水準か」という問題は避けて通ることはできません。

　特に、学費に関して言えば、アイビーをはじめとした名門私立の場合は、「定価」つまり奨学金なしで進学する場合は、授業料が５万ドル＋寮費１万ドルということで「年間６万ドル（600万円）」コースということになります。

　一方で、各州の州立大学の場合は地元州の出身者であれば、学費が１万ドル前後と少し楽になるわけです。いずれにしても、親にとっては大変な出費であり、この学費負担という問題は、志望校選択の要素として避けては通れません。

CHAPTER

2

大学出願の
具体的な
プロセスとは？

2-1 出願の締め切りは３種類ある

　志望校の絞り込みが終わったら、今度は「どのように出願するか」という作戦を立てなくてはなりません。アメリカの入試はすべてAO入試であり、特定の試験日がないので、いくらでも併願はできます。また出願手数料というものがかかるわけですが、これも１校あたり50ドルから80ドルという水準であり、それほどの負担でもありません。

　そんなわけで、「多く出せばそれだけ当たるだろう」ということで何十校も出す学生も確かにいるわけです。ですが、そこにはある種の「作戦」が必要になってきます。

　というのは、出願の締め切りには３種類あって、それが相互に複雑に絡んでくるからです。これは留学生も全く同じです。

　３種類の締め切りの中で、多くの大学が採用しているのは「レギュラー」の募集で、これは一般的に「年末が締め切り」となっています。多くの大学では、12月31日あるいは１月１日の深夜23時59分がオンラインでの締め切りになっています。

　私立の場合は、この「レギュラー」で応募するのが一般的であり、併願も自由となっています。結果発表は３月末というのが一般的です。

　一方で公立大学の多くは「ローリング（Rolling）」の募集というのを行っています。つまり９月から12月、あるいは翌年の２月頃までかけて「いつでも出願してください。その都度合否を判定して通知します」というものです。

　実際は１カ月ごと、あるいは数週間ごとに小さな締め切りというものがあって、そこで一旦締めて判定し、ハッキリ合格圏の学生には合格通知を、その反対の学生には不合格通知を出すというシステムのようです。ボーダーライン上の学生に関しては、数カ月分まとめてじっくり審査するという場合もあるので、すぐに連絡が来ないからといって悲観す

べきではありません。

　いずれにしても、この「レギュラー」と「ローリング」だけであるならば、何も困らないのです。どちらも相互に併願が可能であり、入学意思表明の保証金支払いの締め切りは全国一律に5月1日ということになっているからです。この日までに多くの「合格」を集めて、その上で1校を選べばいいのです。

2-2 「アーリー」をどう利用するか

　問題はその他に「アーリー」という文字通り「早期出願」の制度があることです。この「アーリー」も多くの大学が採用しているのですが、だいたい11月1日あたりが締め切りになっていて、合否通知は12月の中旬から下旬になっています。

　出願にあたって「作戦」が必要になるのは、この「アーリー」をどう利用するかという問題です。

　この「アーリー」ですが、日本の大学の「一次募集と二次募集」あるいは「一般入試と推薦入試、AO」などのように、「レギュラー」と比較して選抜の方法が異なるわけではありません。エッセイや履歴書、成績データなどを提出して合否を待つということでは「レギュラー」と全く同一です。

　また、多くの大学では「レギュラー」よりも「アーリー」の方がかなり倍率が低く「入りやすい」と言われています。であるならば、積極的にこの「アーリー」の出願をしたいところですが、問題は「アーリー」には、大学によっては制約があるのです。

　この「アーリー」には大きく分けて2種類があります。

　一つは「アーリーディシジョン（Early Decision）」というもので、最も厳しい制約を伴っています。それは「合格したら必ず入学します」と

いう縛りです。要するに「専願」ということです。

　合格したら入学しなくてはいけないという誓約をしている以上、他校に出していようが大学側としては知ったことではないわけで、とにかく「アーリーディシジョン」に出すということは「受かったら行く」という決意を伴います。

　ちなみに、この「アーリーディシジョン」の誓約に違反したらどうなるのかというと、基本的には「違反した学生の在籍する高校の出身者を数年間合格させない」というペナルティがあると言われています。

　アメリカは「連帯責任」という考え方の薄い個人主義の社会ですが、この場合は例外であるようです。

　例えば各高校の進路指導教員（ガイダンスカウンセラー）たちも、同様の誓約書（「専願に違反するような学生は出しません。出した場合は学校として以降不利に扱われても異議を申し立てません」というような内容のもの）に署名させられているようです。

　もう一つは「アーリーアクション（Early Action）」といって、これは「アーリーディシジョン」とは大きく異なります。つまり「合格したら入学しなくてはいけない」という縛りがないのです。

　11月に出願し、12月中旬には合否が通知されるのですが、最終の入学意思表示は5月1日まで待ってくれるのです。

　つまり、12月の時点で「すでに受かっている」という状態を獲得することができ、さらに「もっと良いところに受かればしめたもの」ということで、「レギュラー」の出願もしていいのです。

　ただし、この「アーリーアクション」の方も全く無制限に出していいということにはなっていません。「他の学校のアーリーディシジョン、アーリーアクションには出願していません」という誓約をさせる学校が近年は増えてきています。一方で、一般的に公立大学の「ローリング」との併願に関しては構わないというケースが多いようです。

　ちなみに、「アーリー」で落ちたらもう一度「レギュラー」で再挑戦

できるかというと、これはダメということになっています。12月に「リジェクト（却下 Reject）」という通知が来た場合は、これは「レギュラーで出してもダメ」という意味を伴っているからです。

ただし、12月の時点で「ディファード（保留 Deferred）」というレターが来た場合は、「現時点では合格にはできないが、もう少し待て」ということになります。このディファードの場合は、改めて願書を出す必要はありません。

2-3 アーリーディシジョンの5条件

では、出願する立場としては、この「アーリー」はどういった戦略で「使う」のかというと、これは結構複雑です。

まず「アーリーディシジョン」の場合ですが、一般的に次のような条件が揃っていることが必要とされています。

1. 入学を前提に、学費が払えると判断できること。つまり親が「奨学金なし」の「全額でも出せる」ということか、あるいは奨学金制度の詳細を理解し、かつ自分の家の資産状態などの計算ができていて、奨学金の期待額がある程度出ている場合。
2. そもそも入学後の専攻、キャンパスの環境なども含めて「受かったら行く」決意があること。
3. 大学別に課題として出ているエッセイを11月初旬までに書けていること。
4. SATやSAT2などの統一テストの点数について「想定される合格ライン」以上のスコアを、11月時点で提出できること。
5. 高校の側が内申書や推薦状など、必要書類を「アーリー」のスケジュールに合わせて用意してくれること。

制約の緩い「アーリーアクション」の場合は、この 1 と 2 は必要ありませんが、3 から 5 までは同じように必要となります。こうした条件が欠けているのであれば「アーリー」には出さない方が賢明です。
　逆に、条件が揃っている場合は、基本的に「アーリーの方がレギュラーよりも入りやすい」とされるので、この時点で挑戦することになるわけです。
　この「アーリー」という面倒なルールを含めて、これに「ローリング」「レギュラー」を交えて全体の戦略を立てることになります。

　ちなみに、この複雑な「アーリー」のルールですが、アイビーの一部など優秀な学生を集めるための試行錯誤をしている大学の場合、毎年ルールを変えてくる可能性があります。実際の出願にあたっては、その年のルールをよく確認してから作戦を組み立てるべきです。
　なお、先ほどの条件の 1 に関してですが、一部の大学では「経済的

図 2-1　2種類の「アーリー」を活用する

アーリーディシジョン	アーリーアクション
●合格したら必ず入学するという縛り＝専願	●合格したら必ず入学するという縛りはない
●学費を払えるという判断ができていることが条件	●他の学校のアーリーには出願できないのが一般的

アーリーのほうがレギュラーより入学しやすい
アーリーで落ちた大学にレギュラーで再挑戦は不可
11月上旬が締め切り

理由でどうしても学費負担が難しくなった」場合は「アーリーディシジョン」でも辞退を認めている場合があります。

いずれにしても、「アーリー」に挑戦する場合は、その条件を詳細に検討することが求められます。

2-4 出願には何が必要か

さて、出願の作戦が決定すると、いよいよ実際に出願することになります。その場合は一体何が必要になるのでしょうか？ そもそも、出願の作業はどのようなものなのでしょう？

出願はすべてネットで行います。各大学のホームページにある「アドミッション（入試 Admission）」のページに行って、まず ID を作ることがスタートとなります。

この ID というのが大事なのですが、ID を作るに際して、別にすべての材料が揃っている必要はありません。ですから、8月末ないし9月に出願受付がオープンになったら早めに作っておくことになります。

以降は、順番に必要な情報をその「自分のページ」に書いていけばいいのです。また先生や学校から、あるいは統一試験の事務局などから別送で情報が行く場合は、受理されたかどうかも「自分のページ」で確認ができます。

履歴書データに加えて、エッセイなども、仮に「保存（セーブ）」しておいて、最終段階に至るまで何度も手直しすることもできるようになっています。

ちなみに、この「アドミッション」ですが、複数出願する場合に手間がかからないように、全国の大学協会が作っているコモン・アプリケーション（通称「コモンアップ」Common Application）という統一出願様式があります。多くの大学がこれを採用しているので、同じような入力

を何度もしなくていいようになっています。

　では、出願には具体的に何が必要になるのでしょうか？　一般的に言われているのは以下の内容です。

1. 内申書（Transcription）。具体的には高校入学後の学期別、科目別の成績データ。
2. 統一テストの成績。これは各実施団体から電子的にデータが送られる。
3. 履歴書。スポーツや芸術の活動、高校の校内団体での活動、課外活動、ボランティア、職業経験などを書く。
4. 推薦状（Recommendation Letter）。学校の先生や、ボランティア先の管理者などに依頼して書いてもらう。
5. エッセイ（Essay）。コモンアップにあるテーマ、もしくは、これに加えて大学別に指定されたテーマに関してエッセイを書いて提出する。
6. 作品ポートフォリオ。アート専攻の場合は、自分の主要作品のポートフォリオを提出する。音楽や演劇専攻志望の場合はオーディションの予約をして受ける。すでに学術論文レベルのレポート執筆実績がある場合は、添付してもいい。

　こうした要素のすべてを期日までに揃えて提出しなくてはなりません。これはなかなか膨大な作業です。特に長男長女などで親が「最近の入試制度」がよくわからないような場合は、何代にもわたってのアメリカ人家庭でも相当に戸惑うようです。

2-5 日本と違って内申書が重要

では、入試の判定において最も重要な要素は何なのでしょうか？

それは「内申書」だということになっています。多くの大学での説明会で、そして高校の進学説明会でも、基本的にこの点が強調されることが多いように思います。

タテマエとして、そう言うことになっている点もあるかもしれません。ですが、数多くの事例を総合すると、やはり、この内申書重視というのは本当だと考えられます。

この点は日本とは事情が大きく異なります。日本の場合は、推薦入試はともかく、一般入試の場合は合否に占める内申書の割合は少ないのが普通です。せいぜいが「足切り」に使うか、卒業見込みであることの確認の意味ぐらいしかないのです。

アメリカの場合はそうではありません。主要な科目の成績を点数化したもの、つまりAなら4点、Bなら3点という点数をつけて、その「全平均」を出したGPAという数値が極めて重要視されるのです。

もう一つの学力データである統一テストのスコアとの関係でも、明らかに内申書のGPAの方が重要とされています。

統一テストが満点に近い一方でGPAのダメな学生と、GPAは良いけれど統一テストがダメという学生を比較した場合、前者はほぼ絶望的（超高校級の天才性が証明できるならともかく）である一方で、後者の場合は可能性は十分にあると言われているぐらいです。

では、GPAは「ストレートA」つまり全教科がAで「4.0」という平均点を持っていればいいのかというと、必ずしもそれだけではダメです。問題はその中身です。

まず、願書の中の申告欄やエッセイなどで「自分は将来は医師になり

図 2-2 GPAとは？

GPA＝Grade Point Average

欧米の学校で一般的な成績評価方式
各科目の成績を以下のように点数化し、平均を出す

A(秀)	B(優)	C(良)	D(可)	F(不可)
4	3	2	1	0

全教科がAの「GPA 4.0」を通常「ストレートA」と呼ぶ

たい」という宣言をしていたとします。その場合、アメリカでは学部におけるメディカルスクールというのは少ないので、プリ・メッドつまり将来の医科大学院進学の予科コースを「大学での専攻」とするという宣言、大学側はそのように見ることになります。

　例えばですが、そのようなプリ・メッド志望の学生であるにもかかわらず、生物と化学を選択していなかったとしたら、ほぼ決定的なダメージになります。「言っていることとやっていることが矛盾する」からです。例えば、選択していたとしても「医学に遠い物理より、生物、化学の成績が低い」というような場合も問題になると思われます。

　いわゆる文系的な場合も同じで、将来は作家志望なのに「ライティング」の科目を取っていないか成績が悪い場合、政治学志望なのに「アメリカ政治」を取っていないというような「矛盾」は、非常に問題視されると言われています。

2-6 GPAの満点は「4.0」ではない

　それだけではありません。ほとんどの公立高校をはじめ、アメリカの高校では各科目に習熟度別の段階が設けられています。

　例えば生物の場合だと、各高校では多くの場合、「生物のレギュラー（一般 Regular）」「生物のオナーズ（上級 Honors）」「生物の AP（大学の初級相当 Advanced Placement）」という3段階の科目が設置されています。医学志望の場合では、仮に「成績のA」を取っていても「生物のレギュラー」しか履修していないとなると、相当に不利になると思われます。

　さらに重要なのが数学で、高校を卒業するだけなら日本の「中3数学」程度の内容でも単位は取れるわけです。ですが、その上に10段階ぐらいあって「同じ数学でも何を取っていたか」というのが重視されるのです。

　そうなると、易しいレギュラーにおける「成績のA」と難しいオナーズやAPでの「A」とは重みが違うということになります。そこで、GPAの計算をする際に、オナーズとAPの場合は「＋1点」をオマケして平均値を計算することがあります。これを「ウェイテッド GPA（加重平均 Weighted GPA）」と言って、名門大学の場合はほぼこちらで審査がされるということになっています。

　この「ウェイテッド」の場合は、GPAの満点は学校にもよりますが4.7とか4.5とかになる（一部レギュラーしかない科目もあるため）わけです。

　一般的にアイビーレベルの名門大学の合格ラインとしては、このウェイテッド GPA で4.3程度ということが言われています。ただし、これは学力水準の高い学区で、しかも難易度の高い科目選択をしている場合です。

　さらに言うと、成績の傾向も大事だと言われています。高校1年生

（9年生）から最高学年の4年生に向けて、成績が少しずつ上昇しているのが望ましいとされ、逆に下がっていくような傾向の内申書には厳しい評価がされるようです。

　また、最高学年になって「高校卒業の学位資格をほぼ充足した」からと言って、「楽な時間割を組んでいる」ことが内申書からわかると、これも不利になると言われています。

　いずれにしても、日本のように受験に専念しているから高3の成績は重要ではないとか、日本の都市部のように、そもそも学校では授業中に寝ていて、放課後に予備校や塾で高度な勉強をしているといった光景はアメリカでは全くあり得ません。

2-7 内申書重視の弊害は？

　そんなに内申書が重要視されるのなら、弊害の可能性はどうでしょうか？

　日本のある時期の一部の都道府県では、中学校で「内申書を人質に取った管理教育」が問題になったことがありますし、推薦入試のために内申書の良い成績が必要な学生に、他の生徒の「良い点数を回す」などということもありました。

　例えば、学校の成績を気にするあまりに高校生活が重苦しいものになるという問題はどうでしょうか？

　確かに勉強へのモチベーションが弱く、受験にも迷いのある学生にとっては、学校の成績自体がプレッシャーになるのは事実です。

　ですが、アメリカの高校の成績は、各教科によって「小テスト15％、宿題40％、中間と期末が35％、授業中の議論への貢献が10％」などという「成績の根拠」が計算式として示されており、うるさい保護者がクレームを言ってきても「客観性」を示せるようになっているのです。

　そうした客観性が確保されているから、学生が無用な心理的プレッ

シャーを感じたり、先生との関係が不自然になったりすることは防止されています。何よりも、そうした客観性が信用されていることでこそ、大学が合格判定の上で重要視できるのだとも言えます。

しかしながら、受験生にとっては「出願だけでも大変」であり、その際にはSATの再受験だとか、エッセイの執筆などに時間が取られる中で「学校の授業やテストも真面目にやらなくてはならない」というのですから、大変は大変であるわけです。

では、12月なり3月に合格通知を手にしてしまってからは、もう手を抜いてもいいのかというと、大学は合格者に関しては出願した「後」の学校での成績についても「追加の内申書」の提出を要求しますし、最近は高校が大学に電子式のシステムで送信することもあります。

もちろん、多少のことでは「合格取り消し」にはならないのですが、異常な成績の降下があった場合は説明を求められることもあり、気が抜けません。

2-8 大学受験につきものの統一テスト「SAT」とは？

まず、何と言ってもアメリカの大学受験につきものなのは「SAT（スコラスティック・アセスメント・テスト Scholastic Assessment Test 略称「エスエーティー」。ちなみに、「サット」という呼び方が日本の一部にはありますが、アメリカではあまり使いません）」です。

そのSATですが、2014年3月5日に、2016年から改訂されるという発表がありました。このニュース、背景の事情が少々複雑ですので、ここで一旦整理しておこうと思います。

SATの実施母体であるカレッジボード社（ETS社の系列）によれば、改訂の方向性は以下の3点です。

1 国語（英語）を易しくして難解語彙の知識を要求する問題を減らす。
2 誤答へのマイナス点はやめて誤答も白紙も同様にゼロ点とする。
3 2005年に導入された数学＋英語読解＋エッセイ（文法含む）の3科目2400点制をやめて、エッセイをオプションとし、2005年以前の英数2科目1600点制に戻す。

報道によれば、受験生の負担を減らすのが目的であり、特に難解語彙の少ないACT（実施はACT社）というSATと同等の統一テストにシェアを逆転されたことが直接の要因であるとされています。確かに1から3はすべてACTへの追随（ACTは36点満点制）であると言えます。

特に、1に関しては、難解語彙を含む読解問題を解くには、学校の正規のカリキュラムでは足りないために、近年では塾や家庭教師がブームとなっており、結果的にSATのスコアと親の世帯年収が比例する「格差の世襲」が起きているということも問題視されたようです。

そんなわけで、一番重要なSATが改訂期間に入ったわけですが、その改訂の意味合いに関しては後ほど述べることにして、ここでは、そのSATを含む様々な統一テストについて、全体像を確認しておこうと思います。

個々の受験生は、必ずしもそのすべてで良い点数を取る必要はありませんが、制度の全体は知っていないといけないと思います。その5種類とは、

1 SAT
2 SAT サブジェクト（科目別）・テスト（別名 SAT2）
3 ACT
4 AP 試験
5 IB 試験

の五つになります。

改めて SAT についてですが、これは国語（つまり英語）と数学だけで構成された全国統一の学力テストです。ちなみに、現時点では三つの部分からなり、それぞれが800点満点で全体の点数としては2400点満点となっています。

三つというのは、国語の方が二つに分かれているからで、「リーディング（読解）」「ライティング（作文と文法）」そして「数学」という構成です。

実はこのうちの「ライティング」の部分は1990年代後半に徐々に導入されていったものです。そのために2005年までは多くの大学が「学力との相関に十分なデータがない」ということを理由として、「数学と読解の1600点だけ」を判定に使っていた時期があります。

最近ではほぼこの2400点満点というのが定着しているのですが、先ほど述べたように、2016年から「ライティング」を別枠にして、1600点満点に戻ることになっています。

非常に簡単に言えば、数学は日本のセンター試験の数学を易しくして量を増やした感じであり、国語の方は日本のセンター試験よりやや難解という感じです。この点に関しても、2016年からは難解語彙を減らすなどの改訂がされるようです。

点数に関してもう少し詳しく言うと、点数にはカーブ（統計的処理）がされるので、回によっては全問正解でなくても2400点になることがあります。単純な素点ではなく、言ってみれば2400（1600）とゼロの間で動く偏差値にも似ています。

大きな特徴は「何年生でも何度でも受けられる」ということです。要するに「受験の秋」に出願する際に良いスコアを持っていればいいし、仮に自分のスコアに不満があれば直前まで何度でも受けていいのです。

ちなみに、大学によっては「最高点を取ったものだけ申告すれば良

> **図 2-3　最も一般的な全国統一テスト「SAT」**
>
> **受験科目**　国語（英語）と数学だけ
>
> **受験資格**　何年生でも何度でも受けられる
>
> 「リーディング（読解）」……………800点
> 「ライティング（作文と文法）」……800点
> 「数学」………………………………800点
> ↓
> **2400点満点**（2016年からは1600点満点に）

い」という学校もあれば、「受けたSATは全部出せ」という場合もあります。

　複数回受けたことによる印象の悪化ということでは、「ドンドン悪くなっている」とか「1回だけ突出して良くて他は悪い」という傾向は印象が良くないようですが、逆に「少しずつ良くなっている」という場合は、数回受けていてもマイナスではないとされています。

　ただ、5回とか6回とかあまりにたくさん受けていると「他に何をやっていたのか」とか「合格だけを目的にしているという勘違い学生ではないのか」といった悪印象にもなる可能性があるので、注意が必要とされています。

　理想的には数回の受験で、改善の傾向を示しつつ志望校の合格圏に届くということが望ましいわけです。そうは言っても、本当に自信満々のスコアを持っている学生はごく少数であるので、「レギュラー」の締め切りである12月に間に合わせるべく11月の最後のSATに「賭ける」と

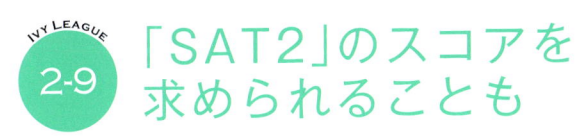

2-9 「SAT2」のスコアを求められることも

　2番目は「SAT2（サブジェクト・テスト Subject Test）」です。これは、各教科の学力をより詳しく見るためのもので、数学、理科の各教科、文学、歴史、外国語などを中心に細かく分かれているものです。

　大学によっては不要というところも多いですし、多くの公立大学では要求してきません。私立では要求する場合がありますが、その場合の指定は「最低2科目」とか「2科目、ただし数学の1と2では2科目とみなさない」などということになっています。

　満点は、SAT同様に1教科800点満点です。

　では、例えばこのSAT2のスコアを2科目提出しなくてはならない大学の場合、一体どんな科目を選んで受ければいいのでしょうか？　そのルールはハッキリとは決まっていません。ですが、できるだけ自分の希望する専攻分野に近い科目を選ぶのが良いとされています。

　例えば「メカニカル・エンジニアリング（機械工学）」を専攻したいという意思表明をエッセイなどで書いておきながら、SAT2では「物理」を選択していないとか、数学は1しか受けていないというようなことであると、これは相当に心証を悪くすると考えるべきです。

　また、自分の志望校がSAT2のスコア提出を要求していない場合は受けなくていいのかというと、それも違います。

　例えば、ハッキリと理系志望である場合に、「数学2」「物理」「化学」「生物」の4科目はしっかり受けて800点かそれに近い成績を獲得しておくということは、自分の学力の真剣なアピールになるのです。指定されなくても、そうしておいた方が良いということが言えます。

　また、自分が高校で教えてもらった先生の採点が「やたら厳しかっ

図 2-4 SAT2はどんな場合に受けるのか

受験校から要求される場合
- 公立校では一般的に要求されない
- 「最低2科目」などの指定がある

理系志望などで、物理などの科目の学力をアピールしたい場合

内申書の成績が不本意に悪く、その不振を覆す証明をしたい場合

た」場合など、不本意ながら内申書の成績が、特に自分の得意科目や将来の専攻に関係する科目で低かった場合は、自分の学力の客観的な証明としてこのSAT2を使うということも出てきます。

いずれにしても、このSAT2は受験のステップの中で無視できない要素になっています。問題もそう簡単ではなく、特に分量が結構あるので時間との戦いになります。相当の秀才でない限り、どの科目も問題集1冊をやり通して慣れておかないと、高得点は望めません。

2-10 SATの代替となる「ACT」とは？

3番目は「ACT（「エーシーティー」または「アクト」とも言います）」です。これは、英数の普通のSATの代替とでも言うべきもので、現在では、ほとんどの大学は出願にあたってSATではなくACTでも構

図 2-5 SATのライバル「ACT」とは何か

- SATの代替となる統一テスト 内陸部や南部で特に普及
- 英語と数学で36点満点（36点はSAT 2400点に相当）
- SATとの違い：理科的な内容の英文読解がある 難解語彙が少ない etc.
- 統一テストのシェアで SATを上回った

わないことになっています。

SATとは構成が異なり、科目別の点数も出るものの総合計を中心に評価がされるようになっています。その総合計の満点は36点で、以下1点刻みで成績が出ます。36点はSATの2400点満点と同等の価値があるとされています。

内容としては、理科的な内容の英文読解があったり、やや融合問題的な出題があるのと、SATでは学生を悩ませる「難解語彙」が少ないという特徴があります。

全米で普及しており、例えば東海岸とカリフォルニアでは圧倒的にSATのシェアが高い一方で、内陸部や南部ではこのACTが普及しているなど地域特性もあるのです。また、近年では東海岸やカリフォルニアでもACTを受ける学生が増えているという報告もあります。

特にSATの読解問題で、19世紀風のエッセイや難解語彙に悩まされ

ている学生が、「自分にはこの ACT の方が相性が良さそう」だと思って受けるということがあります。ですが、受験しやすさということではやや楽でも、32点を超えるのはそうは簡単ではありません。私の教え子の多くも、SAT の点数に伸び悩みを感じると、ACT も受けてみるということが多いのですが、ACT の方が劇的に点が伸びるという例は少ないようです。

ちなみに、2016年から始まる SAT の改訂は、「統一テストのシェア」に関して、SAT が ACT に逆転されたためだという解説も出ています。今回の SAT の改訂には ACT への追随という面がありますが、そこにはこんな背景があるというわけです。

2-11 大学の単位に認定される「AP」

4番目は、「AP（「エーピー」と言います。アドバンスト・プレースメント Advanced Placement の略）」です。これは SAT2 に似ていて、細かな科目別に分かれている単科テストであり、数学の各種から理科各科目、英語、社会の各分野、外国語、さらには美術史だとか文学など多岐にわたっているものです。

この「AP テスト」に関しては、大学として出願の際に要求することはほとんどありません。ですが、SAT2 と並んで自分の「客観的な学力の証明」としてスコアを出すことには意味があるということになっています。事実、多くの大学では、AP の高得点を持っている学生は歓迎されます。

この AP ですが、他のテストと違うのは、高得点を得ると大学の「単位に認定される」という特典があることです。本来はそちらが主目的として設けられた制度で、要するに高大接続（高校から大学へのカリキュラム上の接続）の一環として、高校生に大学の教養課程の単位を先取りさせるという目的で発足した制度です。

図 2-6 「AP」はSAT2とどう違うか

共通する点
- 科目別の単科テスト
- 客観的な学力の証明として提出する

異なる点
- APは大学の単位に認定される
- 多くの高校にAPを受けるための「AP科目」がある

テストは5点満点で、5点か4点があれば大学に進学後に、その科目の「基礎」の授業の単位がもらえて、その授業をスキップできるということになっています（ただし、実際の単位認定の条件は大学によって異なります）。また、多くの高校ではAPを受けるための「AP科目（通年の授業）」というコースを設置しています。このAPの点数を持っているのであれば、出願時にその旨を書いて出すことになります。

ちなみに、理系や経済系の専攻を考えている学生にとっては、APで数学の実力をアピールしておくことが重要だとされています。数学の科目については、APの場合はいろいろあるのですが、「微積分BC」という、日本で言うと数Ⅲに近い科目のAPで5点を取っているのは価値があるとされています。

2-12 国際的に通用する「IB（国際バカロレア）」

5番目は「IB（国際バカロレア）」です。これはAPに似ているのですが、純粋にアメリカ国内の制度であるAPとは違って、スイスに本部

のある団体が実施しており、国際的に通用するものです。

　ちなみに、国際バカロレアという制度の全体としては、小学校レベル、中学校レベル、高校レベルのインターナショナルな学力認定制度であり、高校レベルのものに関して言えば、大学の単位先取りというよりは、日本で言う「大検」に近い性格を持っています。

　レベル的にはやや易しい科目から、難しいものまでいろいろな段階があります。例えば物理の最高ランク科目の場合は、AP物理よりも難しいとされています。いずれにしても、各科目の単科テストとなっており、こちらも客観的な学力のアピールになるわけです。

　面白いのは、アイビーなどの名門校では「APよりもIBを歓迎する」という公式見解を聞くことがあることです。アメリカでは、一部の私立高校以外ではまだあまり普及していないのですが、欧州やカナダの大学と併願する場合などにはこのIBは重要になってきます。

　また近年では日本でも、日本語でこのIBが受験できるような準備が整いつつあります。

　以上の五つのカテゴリから、通常はSAT、SAT2、APの成績を「集めて」大学に送ることになります。

　ちなみに、APは1年に1回、5月にしか受験できないので「受験の秋」になってジタバタしてももう遅いわけで、受験の際にアピールするためには、遅くとも高校11年生（ジュニアイヤー）の終了間際の5月までに受けておかねばなりません。

　一方で、SATとSAT2は「レギュラー」の出願締め切りギリギリの11月というタイミングでの試験日があり、最後にどうしても「得点の上乗せ」を狙いたい学生は、このラストチャンスに賭けるということになるわけです。

2-13 エッセイは家で書いていい

もう一つ、受験生にとって頭が痛いのは「エッセイ」です。

まず、エッセイの出題は、SATにもコモンアップ（全国統一の出願様式）にもあります。さらに大学別に追加で書かされることもあります。特に最近では、SATやコモンアップのエッセイでは「差がつかない」ということで、各大学別に複数の込み入った作文を出題する傾向が強まっています。

要するに、いわゆる「作文」なのですが、近年はなかなかどうして合否を左右する重要な要素になっているようです。

アメリカの入試はすべてAOであり、受験生は自宅ですべての情報を入力すれば出願が完了します。ということは、SATのような統一テストを除けば、エッセイも家で書いていいことになっています。

つまり、日本の「AO入試」のように、「小論文試験」を受けるために試験会場で監視されながら制限時間内に書くということにはなっていないのです。

ついでに言えば、アドバイスを受けてもいいことになっています。というより、アドバイスを受けることはむしろ奨励されていると言っても過言ではありません。基本的には高校生の言葉遣いではなく、もう少し知的に背伸びをした表現で書くのが良く、そのために親、教師、あるいは先輩の大学院生などに下書きを見てもらって、表現（ワーディング）を必死で詰めるということになります。

だったら「代筆でもバレないだろう」と不正行為が横行しているのかというと、必ずしもそうではないのです。

大学側も「ネット上の文章との類似性を検証するロボット」などを駆使して不正摘発を行っているようですし、履歴書や推薦状など他の要素

図 2-7 日本の小論文とアメリカのエッセイの違い

🇯🇵 日本では
- 試験会場で監視されながら制限時間内に書く

🇺🇸 アメリカでは
- 自宅で書く
- 親や教師、先輩からアドバイスを受けてもいい
（SATのエッセイ問題を除く）

↓

SAT、コモンアップ、各大学別にもエッセイの出題がある

との間で「多角的なチェック」をかけて「ファクト（事実関係）の矛盾」を見つけるノウハウがあるという話も聞きます。

　そんな中で、エッセイでは「自分の人となり」を表現していかねばならないわけです。昨今では、名門大学ではエッセイの審査に時間をかけており、平凡なエッセイではアピールできなくなってきているという声も多く聞きます。この部分、受験生にとっては大変に頭が痛い分野であると言えます。

2-14 受験の秋でも、課外活動は続けなくてはならない

　日本では、いわゆる受験校では、部活は高校2年の秋に引退するということになっています。そうではない学校でも3年の6月で引退し、その後は「受験勉強に専念する」というのが普通になっています。ちなみ

に、中学から高校を受ける場合でも、中学3年の6月に引退というのが多いようです。

では、アメリカの場合はどうかというと、これが全く逆なのです。受験だから引退などというのは「問題外」であり、受験だからこそ「出願の時点で必死で部活をやっているアピールが必要」とされます。

例えば、高校スポーツの花形である（アメリカン）フットボールの場合は、秋がシーズンとなっています。つまり9月から11月、ちょうど4年生には大学出願準備の時期と重なるわけです。

そこで、仮に高校の代表チームのレギュラーであるとか、場合によってはキャプテンということになれば、当然そうしたポジションでチームを好成績に導けば、どんな大学でも評価ポイントは上がることになります。

特に「最高学年としての自覚」とか「キャプテンとしてのリーダー経験」というのは、非常に重要であり、絶対に手を抜くことはできません。

例えば「ケガをしたが1日も練習を休まずにチームメイトに声かけを続けた」とか「SATの受験会場から試合地へ直行して頑張った」などという「美談」をコーチが推薦状に書いてくれれば、それは大学としては評価の対象になるわけです。

スポーツ以外の音楽などでも同じです。オーケストラで活躍し、最後は学校のチェロのトップに上り詰めただけでなく、州南部の代表オーケストラの楽員にも抜擢されたなどというのは、履歴書に書けば相当の評価ポイントになります。

ですが、それはあくまで「出願時の現役」というのが前提であって「受験が忙しいので辞めました」などというのはあり得ません。ここでも最高学年にふさわしい活躍を「現在進行形」でやっていますというアピールが必要とされるわけです。

生徒会活動も同様で、アメリカの場合は学校にもよりますが、派手な選挙をやってプレジデント（生徒会長）やセクレタリー（書記役）を決めますし、そこで「ちゃんと職責を果たしている」というのは入試の評価ポイントになります。

これも最高学年である4年生（シニア）での話であり、自動的に出願の時点で「バリバリの現役」ということになります。

2-15 ボランティア経験は絶対に必要なのか

課外活動に加えて、学外での社会的活動も評価の対象となります。そこで問題になるのがボランティア活動です。高校4年生の秋、大学への出願が近づくにつれて「今からでもボランティアをした方がいいのでは？」などと、ソワソワする高校生を多く見かけます。

また、「ボランティア経験がないので心配だ」という質問は、大学訪問時の「質疑応答」でよく見かけるシーンでもあります。

では、ボランティア経験は本当に必要なのでしょうか？

答えは、イエスでありノーであると言えます。二つの重要な点があり、そこを外せばボランティアに時間を費やしても無意味であるし、逆に重要な点を踏まえた「意味のあるボランティア経験」であれば、大いに評価されると言えます。

一つ目は、要するに「内容を伴っているのか」という点です。

高校生のボランティアと言えば、公共サービスの手伝いや、医療機関の手伝いというのがメジャーですが、何となく行って何となく言われたことをやっていただけではダメなのです。

特にボランティア先の責任者に推薦状を書いてもらって、ボランティアの中身を大学にアピールしたいのであれば、活動を通じて積極性を見せ、リーダーシップを発揮し、必要な知識の習得努力をするなど内容の

ある活動をしなくてはならないわけです。

　90年代に徐々に大学入試が加熱しだした頃、「夏休みに10日間、エクアドルで合宿して森林の再生活動に従事して来る」ボランティア経験ツアーというのが流行しました。この種の安易な「お金で履歴書に書ける経験を買う」行為は最も危険だと言えます。

　ボランティア活動という意味で全く評価されないばかりか、次章で詳しく述べますが「入学それ自体が目的になっている」パターンだとして、不合格の理由になりかねないからです。

　二つ目は、できれば「将来の専攻に重なってくる」ような種類のボランティアが良いということがあります。

　医科大学院志望であれば、病院でのボランティアというのは重視されますし、理系の研究者志望であれば大学や研究所でのインターン経験は評価されるわけです。行政や政治に興味があるのであれば、市役所のインターンや、救急救命隊（EMS）でのボランティアなども良いということになります。

　そうした経験を踏まえて「私はこんな問題点に気づきました」とか「自分はある特定の経験を契機として、こういう仕事がしたいと思うようになりました」というような「具体的な」中身をエッセイに書ければ、そしてその「事実」が推薦状などの「他の第三者の資料」からも読み取れれば、高く評価されるでしょう。

2-16　SNS上の「悪ふざけ」は問題になるか

　最近のアメリカの高校生の間では、FacebookなどのSNS、あるいは携帯電話のメッセージなどの利用が日常の一部になっています。このSNSですが、例えば2013年夏に日本で問題になったコンビニのアルバイトなどによる「愚かな行為」が発覚したらどうでしょうか？

この点に関しては、アメリカにはプランク（プラクティカル・ジョークの略）という「悪ふざけ」の伝統があり、特に大学のキャンパスコミュニティではそうした「悪ふざけ」が大学のキャラクターを決めるものとして定着しています。

その点から言えば、多少の悪戯（いたずら）をした程度のことでは、入試には影響しないと思われます。むしろ「ユーモアのセンス」があるというのは、アメリカでは重要なコミュニケーション能力の一つと考えられているからです。

ですが、大学の入試事務室はSNSの監視をやっていないかというと、どうも監視は行われているらしい、そんな声を耳にします。それぞれのSNS運営会社は、大学からの依頼に応じて時には政府の承認を得て、受験生のSNSの監視のためのデータ提供は行っていると考えられるというのです。

高校生たちの間でも、この点に関する警戒感は相当なもので、受験の季節になると、それまでネット上で繰り広げていた「スラングだらけのメッセージ」や「相当な悪ふざけの証拠写真」を必死になって削除したりするわけです。

この点で特に気をつけなくてはならないのは、暴力と人種差別の問題です。

SNSへの書き込みに、明らかに暴力的なものが感じられるとか、人種差別、つまりいわゆる「ヘイトメッセージ」のようなものが見いだされる場合は、基本的に大学は相当に警戒するようです。

特に「ヘイトメッセージ」に関しては、2010年以降に東海岸では「同性愛者へのネットいじめ」の問題が、また中部では「ユダヤ人差別」の問題が大きなスキャンダルになっており、大学は極めて過敏になっているという現状があります。

また暴力に関しては、2007年のヴァージニア工科大学での銃乱射事件や2014年のサンタバーバラでの事件など、キャンパスが惨劇の舞台にな

ることは少なくないわけで、そうした事件の兆候をSNSを通じて発見し、要注意者には合格を出さないということは十分に考えられます。

2-17 推薦状の意味合いは二つある

　ほとんどの大学では受験生に「最低2通の推薦状」の提出を求めてきます。

　通常は、高校のガイダンスカウンセラーつまり「進路指導担当の専任教師」に依頼して1通。後は自分の得意科目の先生に1通。もしくはスポーツや音楽などの活動で成果を挙げている場合は、その顧問の先生に頼むというのが常識的とされています。

　また、特別なボランティアをやっていて、そのボランティア先の責任者に「確かに認めてもらっている」ような場合はその人に頼むということもあります。そうした種類の推薦状で「社会的にしっかりした地位のある人」に高評価されている場合は、かなり有力になると言われています。

　また、高校生のインターンとして大学の研究室に通って、そこで教授に認められたとか、正規の高校以外の教育機関（語学学校や、サマーキャンプなど）の指導者に書いてもらうということもあります。

　この推薦状の意味合いですが、二つあると言われています。

　一つは「その学生の人となりを本人以外の客観的な視点で見た」情報が欲しいということです。この点に関しては、アメリカの場合は「推薦状は本気で書いて、本気で読む」というカルチャーがあり、教育者として最低限の熱意を持っていて、しかも生徒の実力を認めている場合は、相応の努力をして書くことになっています。

　「箸にも棒にもかからない」学生に関しては、堂々と「断る」とか、受けておいても、読む人が読めば「真剣に推薦していない」ことがわかる

ように書く人もあるわけです。いずれにしても、合否判定の上で重要な情報ということになります。

　ですが、推薦状にはもう一つ、裏の意味があると言われています。それは、「本人以外の書くものを見て、自己申告してきた履歴書のファクト（事実関係）をチェックする」という目的です。

　例えば、受験生本人が書いたエッセイで、水泳部のキャプテンとして活躍したことが書かれていたとして、その水泳部の顧問教師の推薦状には、事実関係で「異なる情報」、例えばキャプテンではなかったということが書かれていたとします。そうなると、そこには「事実関係の齟齬」があるということになります。

　深く掘り下げて尋ねれば疑問が解消するような場合で、他のあらゆる情報が「合格ライン到達」ということであれば、面接で事実の確認をすることもできるわけですが、そうでなければ「事実関係に疑問あり」ということで、大減点になります。ボーダーライン上の学生であれば、おそらく合格は出ないでしょう。

　推薦状に関しては、とにかく「相手のあること」であり、受験生としてはできるだけ早い時期に依頼をして、書きますという確約を取らねばなりません。そうした「実務上のやるべきこと」をちゃんとやっているかどうかも、出てきた推薦状を見ればある程度わかると言われています。

　ちなみに、入学願書の締め切り日というのは「アーリー」なら11月1日であるとか、「レギュラー」なら1月1日というように厳格に決められています。本人が書くエッセイや履歴書などの部分では、絶対にその期限までに入力内容を確定させて、受験料を支払わないと「締め切りに間に合わない」ということになります。

　ですが、推薦状に関してはその期限というのは「ソフトデッドライン」、つまり100％厳格ではなく数日から1週間ぐらいは待ってくれる大学が多いようです。

最近では、多くの大学で志願者のIDを使ってログインすれば、自分の願書の「ステイタス（状態）」をネット上で確認できるようになっています。そこで、自分の願書だけでなく、頼んだ推薦状が「確かに受理された」ということの確認もできるようになっているのですが、その場合に仮に推薦状が期限をオーバーしていても、願書全体の受理には問題がないことはネット上で確認できるのです。

　この推薦状には、自分が見るか見ないかという問題があります。受験生本人として「自分の推薦状を閲覧する権利を放棄しますか？」という確認欄が願書の中にあり、そこに「放棄します」と宣言するかどうかを決めなくてはならないのです。
　これは「自分のことが推薦状にどう書かれているか」というのは、受験生本人には「知る権利」があるという観点から設けられている制度です。
　ですが、実際は「放棄します」とした方が、推薦状自体の信憑性はアップするわけで、ここは「放棄」の方にチェックを入れるのが「常識的」とされています。

2-18 大学訪問は合否に影響するか

　出願を間際にした高校4年生の受験生にとって、あるいはその親たちにとって「大学訪問をした方がいいか」という問題は悩みの種になっています。
　実際に何日もかけてカリフォルニアからボストン地区へと家族揃って大学訪問ツアーをするとか、週末のたびに親が高校生の「お尻を叩いて」アチコチの大学を見て回るという話もよく聞きます。
　ここで言う大学訪問は、実際に志望校のキャンパスを訪問して、そこで受験生向けの案内ツアーに参加したり、大学の概要紹介イベントに参

加したりということを指します。

　日本ではこうした大学訪問というのはあまり重視されていません。訪問して「漠然と気に入った」などという印象で大学を決めることはなく、あくまで偏差値がモノを言うからですが、アメリカの場合はそうではありません。

　特に「都市型」か「郊外型」かといった問題で悩んでいる受験生の場合は、最終的な進学先を決めるためにも行った方がいいでしょう。

　一方で、「その大学を訪問して訪問記録を残す」ことが「合否判定で有利になる」ということもよく言われます。こちらの方は真偽のほどは疑わしいと思われます。

　一つだけ言えるのは、例えば東海岸の高校生が西海岸の大学に出願するようなケースです。多くの場合、遠距離の出願というのは「それほど真剣な出願ではないのでは？」とか「合格させても入学してくる可能性は低いのでは？」という心証から、合否の時点で「はじかれる」危険性はあるようです。

　そのような危険性を感じたら「入学意思の真剣度」を示すために訪問しておく、その上でしっかり志望理由を説明しておくということは意味があるかもしれません。

　ちなみに、留学生の場合は「遠距離だから真剣でない」という偏見で見られる危険はありませんから、あくまで国内の場合についてです。

　それ以外のケースでは、「訪問した方が真剣度を見てもらえて合格する」というのは、ほとんど根拠のない話だと思います。では、入学するまでにその大学を訪問することは必要がないかというと、そんなことはありません。現実的には、「レギュラー」の出願の場合では、3月末に合否判定が出揃ったところで、4月中に「合格した大学」を見て回って決めるということは意味のあることですし、むしろ推奨されていると言っていいでしょう。

この時期の大学見学ツアーでは、翌年に出願する高校３年生のツアーとは分離する形で、合格者対象のツアーが組まれていることがあります。こうした「合格者見学ツアー」では、大学側としては「正規の合格を出した学生で何とか目標定員数を埋めたい」ということから、様々なプログラムを組んで「学生へのアピール」をすることがあります。

　具体的には、スター教授の実際の授業を「体験」させたり、学科別に詳しい説明会をしたりというプログラムが組まれているのです。そうしたツアーに参加した上で、複数の合格校の中から、１校を決めるということになります。

　大学訪問に関して言えば、出願前の夏休みに「とにかく感じをつかむために」ということで、大学見学の旅行をして、その地域の大学を順に見ていくという家庭も多くあります。

　確かに、大学への出願というのはプレッシャーのかかるプロセスですし、高校生にとっては大学に進学するということそれ自体のイメージを描くことも難しいのは事実です。そうした「動機づけのための大学訪問」というのも、それはそれで意味があると思います。

2-19 奨学金の三つのカテゴリ

　アメリカの大学の学費は高額です。州立大学で州内学生割引が適用になる場合でも年額１万5000ドル（150万円）、私立の名門になれば授業料だけで年額は５万ドルに達するのです。

　これに寮費や教材費などを入れれば年間600万円コースということになるわけですが、「満額払う」というケースは実はそれほど多くはありません。アメリカの大学では手厚い奨学金制度が整備されていて、多くの学生はこれを申請することになります。

　その奨学金ですが、大学別に細かな部分は千差万別ですし、2008年のリーマンショックを契機として、毎年のように変化しつつあるのが実情

です。ここでは、現時点での制度全体の傾向を確認しておくことにします。

　アメリカの大学の奨学金には大きく分けて三つのカテゴリがあります。

　まず、連邦政府が保証する「学生ローン（Student Loan）」があります。これはローンですから、将来の返済が前提になっています。審査を受けるには本人と家族の収入と資産の詳細を報告しなくてはなりませんが、年額5000ドルから1万ドルの範囲で比較的簡単に認められるものです。

　問題は、返済の不要な「渡し切り奨学金」ですが、こちらには2種類があります。一つは、学生の学力などを評価して支給するもので「メリット・スカラーシップ（Merit Scholarship）」と言われるものです。

　大学によっては、例えばSAT1900点で授業料半額とか、2200点でタダというように、正々堂々と基準を発表しているケースもあります（この場合のSATは2400点満点制での点数）。

　もう一つは、学力ではなく学生の家庭の経済状態で判断されるもので「ニードベース（Need Base）」の「スカラーシップ」とか「グラント（Grant）」と呼ばれるものです。

　最初の「ローン」は全国一律ですが、「メリット」と「ニードベース」に関しては大学別に様々に異なる制度があります。その傾向としては次のようなことが言えると思います。

　まず州立などの公立大学ですが、多くの場合は「メリット」と「ニード」を組み合わせた制度になっています。そして、公立ということもあって、基準は客観的でオープンなことが多くなっています。また、そもそもの授業料が（私立と比較して）安いために、「ニードベース」の方は貧困層に手厚く、中間層には自己負担を求めるよう抑えがちという設計が多く見られます。

　次に私立大学の中で中堅校の場合は、「ニードベース」の上に手厚い

図 2-8 奨学金の違いを知っておく

学生ローン (Student Loan)
- 将来の返済が前提
- 収入と資産を報告する
- 比較的簡単に認められる

メリット・スカラーシップ (Merit Scholarship)
- 返済不要
- 学力などを評価して支給する

ニードベース (Need Base) のスカラーシップ、グラント (Grant)
- 返済不要
- 経済状況で判断される

「メリット」奨学金を用意している学校が多いようです。中には、SAT2100点で授業料と寮費免除に加えて「生活費補助」までくれるなどというケースもあります。

要するに「優秀な学生はカネを払ってでも集めたい」というわけです。中堅私立の場合は、そこそこのSATの点数を持っていると、公立より安い条件で入れてくれる場合もあるのです。

ということは、高望みをして「ギリギリで受かる」と、その学校の合格者ゾーンの中では「下」になってしまうので、「メリット」奨学金は低くなってしまうかゼロになるわけです。

従って、その家庭の経済事情にもよりますが、第1志望は受かっても蹴ってしまい、より好条件の第2希望の大学に行って安く上げるということはよくあります。

2-20 名門校の奨学金制度は？

　最後に名門私立大学ですが、奨学金制度に関しては、ここ10年ぐらいでドラマチックな変化を遂げてきています。ある時期を境に、徹底して優秀な学生を全米、全世界から集めるということに大学の生き残りを賭けるという判断をしたのだと考えられるのです。

　その結果として、奨学金原資を「すべてニードベースに注ぎ込む」という制度、具体的には年収8万ドル（800万円）あたりを下回る家庭の出身者には限りなく「学費免除」に近い奨学金を用意するという制度になりつつあります。

　つまり、妙なボーナスのようなカネを用意して「トップ中のトップ」を引っこ抜くのはやめて、「その大学の合格ラインに入っている学生」には「とにかく入学しやすいように」手厚い経済的援助を行うという方向性です。アイビー8校に加えて、スタンフォード、MIT、カーネギー・メロン、ジョンズ・ホプキンス、シカゴ、ジョージタウンなどのグループは、そうした傾向を強めています。

　ちなみに、アイビーのほとんどの大学では、ここ数年急速に「グローバル奨学金制度」の拡充に走っており、従来は富裕層に限られていた海外からの留学生についても、「実力本位で集める」ような試行錯誤を始めています。

　その奨学金の申請ですが、これは基本的には保護者の仕事となります。そして、かなり複雑な作業になるのです。申請はすべてネットでできるのですが、例えばプリンストンなど一部の独立した審査システムを持っている大学を除くと、ほとんどの大学は「二つの機関」に審査を委嘱しています。

　その二つとは、連邦政府の行っているFAFSA（ファフサ）という機関と、SATの実施母体である営利企業ETS社の関連企業カレッジボー

ドが主宰するCSSという機関です。

この二つは内容はほぼ同一ですが、FAFSAの方が政府系ということで「プライバシーへの踏み込みが限定的」で、例えば持ち家の資産価値までは書かなくてもよかったりします。

一方で、CSSの方はもっと大変で、年金資産から保有する不動産の価値まで書かなくてはならないし、確定申告書原本から源泉徴収票原本までコピーを取って送付させられる厳格なものです。

特に保護者としては、通常は4月15日が締め切りの前年度確定申告を、このFAFSAとCSSの申請のために2月上旬に進めなくてはならず、初心者の場合は大変に戸惑います。

留学生の場合は、それぞれの国での親の確定申告書を翻訳して申告することになります。

2-21 面接はカフェや図書館で行われる

大学入試の面接ですが、これはアイビーとそれに準ずる名門大学では必ず行われているようです。「アーリー」の場合は11月下旬から12月上旬、「レギュラー」の場合は2月に大学から連絡が行って、日程を調整して面接を受けることになります。

ちなみに、名門大学の場合は、この時期に面接の連絡が「来ない」ということは、合格ラインに達していないことになり、少々悲観した方が良い事態だとも言えます。

その面接ですが、大学まで出向く必要はありません。同窓会組織の中から選ばれた卒業生がボランティアとして面接官になり、基本的には受験生の住んでいる地域ごとに面接を行うのです。

そもそも受験生は高校生であり、学期中であるから遠くには行けないわけで、むしろ大学の方から面接官がやって来るという形になります。アポイントメントはメールで確認が取られ、面接の場所としてはスタバ

のようなカフェや、図書館やホテルのロビーといった場所になります。

　面接の形式は、それこそ面接官の性格によりますが、基本的には形式的なものではなく肩の力を抜いたフリートークになることが多いようです。

　別に就職の面接ではありませんし、アメリカですから、お辞儀の角度がどうとか、敬語がどうとかといった気遣いは無用です。ただ、「親の影」が見えると幼稚だと思われて減点されるので、自分で運転して一人で行くのが良いというような注意点はあるようです。

　では、面接官は何をチェックしているのでしょうか？
　基本的には三つであるようです。
　一つは、この学生はこの大学に「真剣に来る気があるのか」という点です。まるで日本の就職試験の面接ですが、大学にとっては「来る気のない学生」は合格通知前に見抜いておきたいという強い動機があります。そうした学生は不合格にして、ボーダーライン上だが「何か光るものを持っている」学生で「来る気のある」学生に合格枠を回したいからです。

　ですから、面接を通じて「遠いから入学後の帰省が大変では？」などといった質問が出た場合は、「絶対に大丈夫」だということをアピールする必要があるわけです。

　２番目は、フリートークを通じて、その若者が「年齢相応あるいはそれ以上の知識人候補としての資質」を備えているかという観点からのチェックです。

　３番目としては、これはケース・バイ・ケースになりますが、出願時に提出した履歴書の「ファクト（事実関係）」のチェックということもあるようです。

　例えば、私の教え子で物理学専攻志望の学生が、あるアイビーを受験して私が推薦状を書いたことがあります。

> **図 2-9 面接を行う三つの目的**
>
> - 真剣に入学する気があるかどうかを確認する
> - 年齢相応あるいはそれ以上の知識人候補としての資質を備えているかを見る
> - 履歴書のファクト(事実関係)チェックを行う

　その学生は大学に比較的近かったこともあって、キャンパスに呼び出されたのだそうですが、面接時に「理数系がここまでできて、その上で日英のバイリンガルということは経験上困難だと東洋学科の先生が言っている」と言われて、実際にその「東洋学科の先生」まで登場して「自分は日本語も喋れるという証明」をさせられたのだと言います。

　結果は合格で、その学生はその後は大学院にも進んで、今は研究者として自立しています。ですが、その面接の時点では、当時高校生だった本人は「大学から疑われているかもしれない」と緊張したそうです。そんなこともあるのです。

2-22 ギリギリの時点で決める進学先

　前述の「アーリーディシジョン」で合格した学生は、12月下旬に合格通知をもらった後は、1月に「進学先決定の手続き」を済ませれば、後は高校を卒業して秋に大学へ入学するだけとなります。

　ですが、そうした学生はわずかであり、多くの学生は3月から5月にもう一つのドラマが待っているのです。それは、複数の学校に合格した

場合に「最終的にはどこへ行くか」という決断です。

日程的にはどうなるのでしょうか？

まず「レギュラー」の合否発表が3月下旬、そして合格した場合の「奨学金支給額の通知」が4月中旬となっています。ここで多くの受験生の家族は、家族会議を開いて各大学のオファーを並べて検討することになります。

検討の対象が私立の中堅校同士の場合は、奨学金の項で述べたように比較的単純です。ギリギリで受かった学校は「良い学校だが条件は悪い」一方で、「悠々と合格した」場合は先方から好条件が提示されている可能性が高いからで、後はローンを組み合わせた支払い能力の問題になるからです。

日本と同様に、ムリをしても偏差値の高い大学に入ったほうが元が取れるとは言えるかもしれませんが、アメリカの場合は違うということもあります。

問題は名門校に複数受かった場合です。これは第三者から見れば贅沢な悩みになるのですが、本当に選択は難しくなります。名門校の場合は「ニードベース」奨学金が潤沢につくということで、それほど条件には差がないはずだからです。そこで、改めて自分の将来の専攻学科の質、キャンパスの環境などを考えて悩むことになるわけです。

いずれにしても、「レギュラー」と「ローリング」「アーリーアクション」に関する合格者の入学意思表明期限は5月1日となっています。これが全国的な統一ルールとなっているので、この日までに進学先を絞り込まなくてはならないわけです。

2-23 「補欠」になっていたらどうなるか

この時期の学生を悩ませるのが「補欠」の扱いです。

この「補欠」ですが、「アーリー」のタイミングで出願したものの保留になった「ディファード」とは異なり、この４月時点での補欠のことは文字通り「ウェイトリステッド（Wait Listed）」と言われます。飛行機が満席の時に言う「空席待ち」と同じ表現ですが、意味合いも全く同じです。
「レギュラー」の場合は、学生側としては複数の大学から合格をもらっているわけですが、大学側としたら「辞退を見越して水増し合格」をさせているわけです。そこで、辞退者が予想よりも多くて欠員が出そうな場合には、補欠から繰り上げて合格させることになります。

　この「補欠」の扱いですが、２点留意しておきたいと思います。
　一つは、どの大学がどの程度の合格者を出していて、どの程度の辞退があるかという「計算」については各年度で全く様子が異なるということです。その背景には、日本で言うような厳密な「定員」という考え方がないということがあります。
　キャンパスの設備の問題、特に寮の収容人員、そして必修科目の授業の収容人数などから目安としての定員というのは内部で持っているにしても、制度的に定員を公表するということは、アメリカの大学の場合はありません。
　そもそもアメリカの大学は、政府から独立していて「認可された定員数」などという概念がないのです。
　そこで入試事務室の方針が変わると、合格者数はコロコロ変わることになります。
　例えば、一つの大学が、ある年は強気に出て「アーリー」では本当に優秀な学生に絞って合格を出し、「レギュラー」でも厳しい基準で合格を出したとします。その結果として、併願者のつなぎ止めに成功すればいいのですが、多数をライバル校に「抜かれた」場合は補欠からの繰り上げを大量に行わなくてはならなくなります。
　そうした「失態」に懲りて次の年は多めに合格とすると、今度はあま

り辞退者が出なかったので、補欠者のリスト（ウェイトリスト）からの合格が「ゼロ」になるということもあります。

　つまり、どの程度の補欠が出るのかというのは、大学別に決まった傾向があるのではなく、毎年動向が変化するということです。

　2点目は、どうしても「補欠からの繰り上げ合格が諦めきれない」場合ですが、例えば5月1日の「一斉入学意思表明日」に合格している学校のうち1校に「入学意思を表明」しておいて、5月に入ってからも上位校の補欠からの繰り上げを待つということは、テクニカルには可能です。

　その場合は、「入学意思表明」の際に払わされる「ノンリファンダブル・デポジット（払い戻しのない手付金 Non-Refundable Deposit）」は捨てる覚悟で、つまり日本で言う「仮面浪人」のようなことを（数週間だけですが）やることになります。

　あまり推奨はできませんが、契約社会のアメリカで特にペナルティ規定がないということは、可能だということです。ただし、事実問題として5月を過ぎてからの「繰り上げ合格」ということは、実際は特別に大量辞退でも発生しない限りは可能性は低いと思われます。

CHAPTER 3

入試事務室は
何を考えて
いるのか？

3-1 アドミッション・オフィスとは？

　アドミッション・オフィス（Admission Office ＝ 入試事務室）という言葉は、日本ではその短縮形である「AO」ですでにお馴染みですが、本家であるアメリカでの実情はあまり知られていないようです。

　その日本の「AO入試」というのは、書類選考を主とした「簡易型」の選考というイメージが出来上がってしまっており、残念ながら実態もそれに近いわけですが、本家のアメリカにおける「AO」は「簡易型」でも何でもありません。大変に手間と暇をかけて選考を行う機関であり、何よりも専任スタッフを多く抱えている大きな組織なのです。

　そもそも、アメリカの大学では入試に教員が関わること自体がありません。教員としては「最近の入学してくる学生の傾向」などに関して、教授会がモノを言ったり、中長期にわたる優秀な学生集めに関するディスカッションがあったりというぐらいで、入試の実務は完全にAOに任されているのが普通です。

　入試問題の作成から、入試の際の試験監督、さらには採点に多くの労力と時間を取られている日本の大学教員の事情とは大変に異なるわけです。

　そのAOですが、これは高度な専門職です。基本的には年間の実務スケジュールがあり、教授会などの意向を受けた中長期の学生確保の戦略を策定して実施することになります。そのミッションは複雑であり、同時に高度な秘密保持・情報管理が求められる仕事でもあります。

　以降本章では、そのアメリカの各大学のAOが「何を考えて入試を実施しているのか」を考察していくことにします。

　まず前提としてお断りしたいのですが、基本的に情報はほとんど公開

図 3-1 大学入試は誰の仕事か

🇯🇵 日本では
- 入試問題の作成から、入試の際の試験監督、採点まで大学教員が関与

🇺🇸 アメリカでは
- アドミッション・オフィス（AO）が実施
- 教授会は意見を言うぐらい

されていません。ハッキリ申し上げて、アメリカの各大学の「合格基準」というのは極秘とされているからです。

　例えば、AOに勤務した経験のある人が「これが真相だ」的な本を書いたり、「入試コンサルタント」などと称して法外なカネを取ったりしているのですが、そうした自称プロフェッショナルたちの根拠は曖昧ですし、また各校の入試制度は毎年コロコロ変わるので、その世界の「権威」を自称していても、言っていることが最新の状況に照らして100％正しいとは限りません。

　そんな状況ですから、本章の記述に関しては、あくまで私の個人的視点からの記述で一貫しています。具体的には、様々な大学教員の声、大学の行う説明会でのコメント、あるいは進路指導を通して、具体的な志願者と合否の結果などを15年以上見てきた経験からの、私の個人的な「推察」を含んでいるとご理解ください。

3-2 まず「期待されない学生像」がある

　そのAOの「考えていること」の中で、重要なのが「期待される学生

像」なのですが、その前に「期待されない学生像」というものがあると言われています。

　それは「入学そのものが目的化している学生」です。

　日本の場合は、入試で受かるということが「基礎能力と集中力」の証明であり、むしろ大学で学んだことは社会では評価しないという風潮が今でも残っています。その結果として、「偏差値の高い大学に入る」ということが受験勉強の目的になってしまうのは残念ながら当然の帰結と言えます。

　反対に、アメリカの大学はこうした発想法を非常に嫌います。

　その背景には、「自分でモノを考えない人間」あるいは「機械的な暗記や模倣だけが得意な人間」を排除したいという価値観の問題もあります。ですが、大学としてはもっと切実な問題意識を持っているのです。それは「入学することが目的になっている学生」は、入学後に伸びない可能性、さらに言えば「燃え尽き症候群」に陥る可能性があるという点です。

　各大学は、入学後も、そして卒業後も学生一人一人追跡調査をやっています。その中で、どういった学生が伸びるのか、どういった観点で入学させた場合はダメなのか、ということを主観的な評価だけでなく、統計的にもデータを収集していると言われています。そうした作業を積み重ねていった中でこうした観点が生まれたようです。

　そこには強烈な価値観があります。「大学入学は目的ではなく手段」というものです。

　この学生は「大学に入って何をやろうとしているのか？」そのイメージが見えない学生はダメだということです。

　具体的には次のようなことが言われています。

　一つは「SATなどの統一テスト対策に大きな労力を投じた」形跡があるとマイナスだということです。「他にやることが疎かになっている」

図 3-2 まずこれを知っておくこと

期待されない学生像

＝

入学そのものが目的化している学生

とか「その学生の基礎学力は低いのでは？」というイメージを与えるということもありますが、「入学することが目的化している」という証拠になるからです。

もう一つは、エッセイの中で「大学出願へのプレッシャーをどう乗り越えたか」とか「受験勉強の中で何かをつかんだ」といった話題に終始するのはマズいと言われています。

大学は、大学に入ってから具体的に何かをしてもらいたいから学生を入学させるのであって、入試のプロセスにおいて「どの大学に入るか」という問題に過剰に意識的な態度を示しているというのは、意識が未来に向かっていないということになるわけです。

意外と問題になるのが、履歴書などで「やっていることが支離滅裂」という場合です。病院や図書館、役場や教会などでボランティアを手当たり次第にやってみたり、課外活動もいろいろなものに手を出してはいるが、個々の成果は平凡というような場合です。

そこに「自分の進路や興味の方向を探すための真剣な試行錯誤」の形跡があればいいのですが、「とにかくいろいろやっておけば加点法で入試に有利だろう」という「内容のなさ」が露見すると、これも問題になるようです。

少し前になりますが、2000年代のはじめにSATで満点を取りながらプリンストンに不合格になった学生が、プリンストンを訴えた事件がありました。

こうした場合、本当にプリンストンでなくてはできない専攻や、具体的なある教授にどうしても師事したいというような理由があるのであればまだしも、「SATが満点でも落ちるのはおかしい」と訴える姿勢自体がすでに大学のカルチャーに反しているのです。

訴訟に見える「ブランド大学に入学することを過剰に重視している」という態度は、ますますもってプリンストンのAOを「SATが満点というだけの学生」は取らないという姿勢に追いやるでしょう。

3-3 期待される学生像「授業への貢献」

では、期待される学生像はどのようなイメージになるのでしょうか？ この「期待される学生像」というのは、多くの場合、大学のホームページに掲げられていますし、大学訪問時の質疑応答、そして実際に受かった学生、受からなかった学生の情報を総合すると、概略的な像を描くことが可能です。

まず第1は「授業に貢献し、まさに白熱教室の議論を盛り上げてくれるような人材」です。

この「白熱教室」という言葉は、ハーバード大学のマイケル・サンデル教授の講義で有名になった日本語なので使ってみたわけですが、まず誤解を解きたいのは、このサンデル教授の講義というのは、私がビデオクリップで見た範囲では、サンデル教授の専売特許でも、ハーバードの特殊な優位性を表しているものでも何でもありません。

確かに日常的な問題から抽象的な原理原則の話に気づかせるとか、学

図 3-3 大学はこんな人材を求めている

- 授業に貢献し、白熱教室の議論を盛り上げてくれる人材
- 研究テーマや専攻をすでに決めている人材
- 自己管理能力、マルチタスク管理能力に秀でた人材
- 伝統の継承者と破壊者
- 大学に多様性をもたらしてくれる人材
- とにかく凄い非凡な人材

生の反応に当意即妙なレスポンスができるという意味では、サンデル教授は教育者として優秀な資質を持った教師だと言えると思います。

ですが、その「教室」が、アメリカの大学教育の水準の中で傑出しているとは思えないのです。こうした授業形式は極めて一般的であり、サンデル教授やハーバードの学生だから可能というものではないのです。

合格者のSAT平均点が2400点満点で2250点近辺のハーバードなどのアイビーであっても、1700点台で入れる小規模カレッジや地方州立大学であっても、こうしたスタイルの授業は当たり前になっています。

宿題に「リーディングアサインメント（Reading Assignment 読書課題）」を提示して、各受講者はそれを読んで内容を把握しつつ自分の立場を決めてくる、それを元に授業では討論に参加する、そんな形式です。

仮に授業規模が大きすぎて講義の時間内では全員に発言機会を与えられない場合は、その授業とペアになる少人数セッションの受講を義務づ

け、助教なども加わって、全員がディスカッションや作業に参加、そこで「ちゃんと課題を読んだか、クラスメイトの議論活性化に貢献したか」をアピールしないと単位は取れない、そんな仕組みです。

従ってAOとしては、応募者の提出した情報を丁寧に調べて「コミュニケーションの能力・意欲」を調べることになります。推薦状から浮かび上がる人物像、エッセイで記述されている人物像などから調べ、さらに必要とあらば面接でチェックするのです。

3-4 ディベート能力は「叩きのめす」テクニックではない

この場合に重要なのが「ディベート能力」です。

ただし、ここで言う「ディベート能力」は、ゲーム感覚で勝敗を決める「お遊び」の討論でのテクニックでもなければ、「相手を叩きのめす」ような説得のテクニックでもないことに留意したいと思います。

特に要求されるのが「異なった意見の相手と協調しながら議論の生産性を上げていく能力」だと言われます。学問の現場、それこそディスカッション形式の授業では、それが最も求められるからです。

もちろん、コミュニケーションやディベートの技量だけではダメで、内容を深めていく資質も要求されます。というのは、アメリカの大学はディベートの練習場ではないからです。講義の中で行われる議論は、そのまま最先端の研究へと直結していくのです。

この点で言えば、優秀な教師、優秀な研究者であればあるほど、「自分を困らせるような質問」を学生に期待しているのだとも言えます。

最近日本でも池上彰氏が「良い質問ですねえ」というフレーズを流行させましたが、これは英語でよく言う "That's a good question!" の直訳であると思われます。

この "That's a good question!" ですが、池上彰氏の場合は「待ってまし

図 3-4 白熱教室に求められる能力

ディベート能力

- お遊びの討論のテクニックではない
- 相手を叩きのめすテクニックではない

↓

- 意見の異なる相手と協調しながら議論の生産性を上げていく能力
- 教師を困らせる「良い質問」をする能力

た。それが私の言いたい大事なポイントなんですよ」というニュアンスで使うことが多いようです。ですが、アメリカの大学の授業の現場では意味合いが多少違います。

その本当の意味は「困りましたね。私は即答できないんですよ」という意味なのです。もちろん、そこは百戦錬磨の大学教授ですから、自分の権威を貶めるような醜態には持っていきません。その代わり、「良い質問だ」と相手をほめながら必死で答えを探すことになります。

ダメならダメでそれは「次回の講義で答えます」と正直に言うしかないのですが、その「次回」には質問した学生が期待したレベルをはるかに上回るような内容を「返す」ことになっています。

そうした教師自身にとっても刺激的な空間が「良い授業」だということになっており、そうした刺激的な空間が維持されることで、その大学の研究水準も維持されるという考え方があります。

そのような、時には教師を立ち往生させるような「良い質問」をすることもまた、授業への「貢献」に他ならないし、そのような資質を持った学生は歓迎されます。それは基本的には大学院だけでなく、学部でも同じです。

反対に「教室ではいつも黙っている」とか「議論には積極的に参加しない」というようなキャラクターが、願書の全体を通じて浮かび上がるようだと、相当に厳しい評価がされることになると思われます。

同じような理由で、反対意見への不寛容を匂わせるような一方的なイデオロギーで彩られた願書も「未熟」だとして嫌われるでしょう。

3-5 期待される学生像「専攻がすでに決まっている」

実は、大学が最も欲しているのはこのタイプです。

専攻が決まっているとか、関心領域が決まっているというだけでなく、ハッキリと「研究テーマ」を持っている学生、真っ先に合格判定が出るのは、SAT 満点の学生ではなく、このカテゴリの学生です。

例えば、「バイオテクノロジーを使って河川の浄化をする技術開発」であるとか、「南北戦争後の19世紀末における南部の経済復興の状況」であるとか、とにかく大学に行って取り組むテーマが決まっているというケースです。

もちろん、口先だけではダメで、その研究テーマに関する自分なりの見解があるとか、すでにその領域の研究者に一目置かれるだけの知識を持っているということが必要になります。これに加えて、そのテーマに関連する分野の「成績」が優秀でなくてはなりません。

日本でも最近は高校から大学への「飛び級入学」を行う大学が出てきています。アメリカの場合はすでに定着していて、高校4年生になる前の高校3年生（ジュニア）の段階で、高校の卒業必須単位を全部取ってしまって大学への「飛び級」に応募するというケースは、往々にしてあ

るわけです。

　ですが、その場合は「全般的に学力が優秀」だという前提ももちろんありますが、「大学で専攻する内容、それも具体的なテーマが決まっている」という学生がやはり多くを占めると言われます。

　その一方で、一般的には大学出願時に「専攻の決まっていない学生」つまり、専攻（メジャー）は「未決定（Undecided アンディサイデッド）」という学生も多いのは事実です。

　これに対しては、各大学ともに「専攻未決定の学生も大歓迎」であるとか「専攻未決定の学生は入学者の過半数を占めるので心配ない」などというコメントをしています。入試事務室のホームページでのQ&Aでも、実際の大学説明会の席上でもそのような発言が多く見られます。

　ですが、そのウラにある事情は異なります。ホンネは違うのです。大学としてはやはり「専攻の決まっている」学生への期待感が強いですし、まして「自分の研究テーマが決まっている」学生は基本的に大歓迎なのです。

　そこには、専攻や研究テーマの決まっている学生の方が追跡調査の結果が良いということがあるようです。つまり入学後の伸びであるとか、卒業後のサクセスということで差がつくのです。

3-6 なぜ専攻を最初から決める方が望ましいか

　さらに言えば、カリキュラムの事情もあります。アメリカの大学は、理系文系の区別なく入学するケースが多く、入学後の科目選択は相当に自由度があります。ですが、1年生の秋学期から将来の専攻を意識して科目を選択していくのと、そうでないのとでは大きな差がつくことがあります。

　効率ということ、特に入学から卒業までの間の科目選択の仕方、単位

の積み上げ方という意味でも、専攻やテーマの決まった学生の方が有利であり、大学としてもそうした学生を入学させた方が全体の底上げになるという判断があると考えられます。

　ちなみに、そのように早期に専攻を決めることにメリットがあるとして、在学中に専攻を変更するということは可能性としてはどうなのでしょうか？

　この点に関してはあまり悲観的になる必要はありません。アメリカの大学はこの点では、相当な柔軟性があると言っていいからです。

　もちろん、ある専攻で学士号を取る、ある副専攻の条件を充足するということになれば、規定の単位習得が厳格に要求されます。専攻に見合う必須科目に関しては一つも落とせません。この点に関しては、どの大学ももちろん厳格です。

　そうではあるのですが、必須科目をちゃんと揃えることさえできれば、途中での専攻の変更というのは全く問題なくできることが多いのです。事実、そのように専攻を変更する学生は相当な人数存在します。

　では、「どうせ変えてもいいのだから、最初から決める必要はないのでは？」というと、それは少し違います。アメリカ人の思考方法として、「何かをやってみてダメなら変える」ことへの抵抗感は少ないということもありますが、それ以上に「その時点では方向性が決まっている」ことがパフォーマンスを向上させるという考え方があります。

　例えば、バイオテクノロジー専攻志望で頑張ったが、興味の方向が変わって建築学に変更したとか、医学専攻（医科大学院進学を前提としたプリ・メッド専攻）を目指したが方向が変わって金融工学になった、などという学生はゴロゴロいるわけです。では、捨ててしまった古い専攻の方を目指していた時期の努力は無駄だったかというと、そうではないという考え方です。

　いずれにしても、これは受験のテクニックというレベルを超えた問題になりますが、出願の時点で専攻の方向性が決まっているか、あるいは

研究テーマが見えているということは、合否の判定に相当に関係があると見ていいと思います。

もちろん、前述したようにその方向性を宣言した場合には、その専攻に関係する高校での科目の成績や、共通テストの点数などをキチンと整えて「整合性」をアピールすることが前提となります。

3-7 専攻が絞り切れなくても悲観する必要はない

では、どうしても専攻が絞り切れていない学生は不利になるのかというと、必ずしもそうではありません。

例えば、自分の興味や関心の向かう分野はあるが、それが専攻とか将来の職業に結びつくところまでは深まっていないケース。あるいは、一つには絞れていないが、将来の職業になりそうな一つの分野と、自分の知的な関心として無視できないジャンルが一つというように、関心の対象が二つあるというのも、それはそれで構わないのです。

その背景には、二つの考え方があります。

一つは、アメリカの大学に根強い伝統としてある「リベラルアーツ（人文科学主義）」という考え方です。

大学は単純な職業訓練校ではなく、幅広いジャンルにおける教養を養うことから、深い思考力やモノの見方を身につける場所である。そのためには様々なジャンルへの知的好奇心を持つべきだし、芸術への関心も必要、そんな考え方です。

仮に専攻が一つに絞れていなくても、何か関心の核になるものがあり、その核を中心として幅広い知的好奇心を持っているという学生は、それはそれで優秀な大学生になる候補として評価されるのです。

もう一つの考え方は、多くの大学には「副専攻（マイナー）」という制度があるということです。

主専攻（メジャー）と副専攻は、直接の関係はなくても構いません。例えば「政治学」と「ヨーロッパ史」という組み合わせであれば主専攻と副専攻には関連がありますが、「マクロ経済学」と「フルートの演奏」ではほとんど関連はないということになります。ですが、それはそれでいいのです。

そのように、二つのジャンルについて大学での専門的な「達成」をする人材をアメリカ社会は評価しますし、そのような二つの専門性のキッカケになるものを持っている受験生は、キチンと評価されます。

とにかく、問題は「自分が心から関心を持っているジャンルはない」一方で、「名門大学に入学することが当座の目的である」タイプは評価されないということです。

3-8 期待される学生像「自己管理能力」

アメリカの大学が重視するのは「実行力」です。

別に机上の学問、研究のための研究を軽視しているわけではないのですが、大学というのは「社会に有為な人材」を送り出すところだという意識は相当に強いわけです。

そのために、ビジネスの世界でサクセスしそうな「潜在能力」が重視されます。そこには、学力も入ってくるし、コミュニケーション能力やリーダーシップの経験といったものも入ってくるでしょう。

ですが、大学が重視している「潜在能力」というのは、そうした漠然とした人物像だけではありません。もっと具体的な問題として「自己管理能力」があります。この「自己管理能力」ですが、宿題の締め切りに遅れないとか、大学の願書締め切りに願書一式を間に合わせるというような「締め切り厳守」ということが一つあります。ですが、それだけではありません。

もっと大きな概念として、「同時並行的に多くのプロジェクトを進行

させ、それぞれについて期日までに成果を出す」という能力、つまり「マルチタスク処理能力」とでも言うものを、大学は非常に重視していると考えられます。

　どうして成績とテストの点数だけでなく、スポーツや課外活動の成果を求めるのかというのも、実はこの点に理由があります。

　例えば、進学実績の高い学区の公立高校に通っている高校4年生で、名門大学に出願すべく「目一杯のスケジュールを入れている」ような場合、11月の大学出願時点で「同時進行的に何をやっているのか」を列挙してみましょう。

1 高校では主要な科目は3年生までに修了しているものの、依然として「多変数微積分」「AP統計学」「APアメリカ政治」など宿題の多い科目を履修、テストの直前には相当に勉強しなくてはならない。
2 選択科目として「オーケストラ」を取ってチェロを弾き、学校に三つあるうちの最高ランクである代表オーケストラのトップを務める。同時に学校のオーケストラの世話役として、活動資金集めのボランティア、コンサートの企画も担当。
3 そのチェロの腕前が落ちないように、週1回専門家の指導を受けている。
4 学校外の州南部高校生の代表オーケストラの楽員にもなっていて、コンサートへ向けて定期的な練習に参加している。
5 スポーツは運動部のサッカーに入っていて、学校の代表選手。練習は月曜から金曜の放課後に2時間、土曜の午前中にも3時間。秋はシーズンなので、2カ月半のシーズン中に約10回の遠征試合と、5回のトーナメント戦があり、アウェーの場合の帰宅は午後8時から9時。
6 その他に、週末には語学学校通い、もしくは定期的に病院やEMS（救急隊）でボランティア。

という感じでしょうか。

この中で 4 はごく一部の音楽エリートの学生しか関係がないのですが、音楽エリートと言っても、音楽専攻でプロのチェリストを目指すというのは少数派で、ほとんどは名門大学への受験を意識してやっていることになります。

3-9 マルチタスクに耐えられるかどうかを重視

ここで大切なのは、とにかく全体の活動が多岐にわたっていて、しかもそれぞれに個別のスケジュールが決められているということです。

日々の授業で好成績を維持するには、日々の宿題をキチンと提出し、小テストで高得点を取り、中間期末でも良い点数を取らねばなりません。そのために、そうした学期のスケジュールに合わせて自分の生活も管理していかねばならないことになります。

音楽も同様であり、「チェロのトップ」とか「州南部の代表オーケストラのメンバー」という「地位」を維持するには、それぞれのシーズンの終盤に設定されたオーディションを勝ち抜かねばならないのです。ですからオーディションに向けて課題曲を練習し、そのためには個人レッスンに通いつつ、日々の練習を欠かすことはできないのです。

スポーツは所定の練習に出るだけでなく、コーチに指示された自主練習や走り込みなどを、特に高学年になれば他のメンバーを引っ張るようなリーダーシップを発揮しつつ行わねばなりません。

さらに、そこに学校外の勉強やボランティア活動などが乗っかってくるのです。

そうした「忙しい日常」でキチンと成果を出しつつ、その上に大学出願のために SAT などでしっかり高得点を出し、高水準のエッセイを期日までに仕上げなくてはなりません。

またエッセイの添削や、推薦状や内申書の手配などは、コミュニケー

> **図 3-5　マルチタスク処理能力を重視**
>
> ● **多くのタスクが同時並行**
> ● **タスク一つ一つに締め切りや競争がある**
> 〈例〉
> 宿題、テスト、スポーツや音楽活動、ボランティア活動、大学出願……
>
> ↓
>
> **将来のビジネスや研究で
> 役立つスキルだから重視される**

ションのルールに従って、先生たちにキチンとした依頼をしなくてはならないのです。

　つまり、SATで好成績を挙げるために、あるいはエッセイ執筆に集中するために「部活やスポーツから引退する」などということはあり得ず、とにかく高校の最高学年になるに従って積み重なるように「多くのタスクが同時並行で走っていく」し、そのタスク一つ一つに締め切りや競争があるわけです。
　そうした環境の中で、良い成果をそれぞれのタスクについて出していくこと、これが「自己管理能力」です。
　そうした能力は、何よりもビジネスにおけるスキル、研究や公共サービスにおけるスキルに直結します。入学後の大学のカリキュラム自体が「ややオーバーロード気味」に作ってあるのも、そのためだと言えます。
　特に名門と言われる大学のカリキュラムとその中にある個別のスケ

ジュールの密度は大変に濃くなっています。そうしたマルチタスクに耐えられるかどうかというのは、学生の資質を見ていく上でAOが極めて重視する点なのです。

よく、アイビーレベルの入試を見て「結局は文武両道でバイオリンなどを弾いている優等生しか受からない、だからアイビーは保守的だ」というような印象を持つ人がいるようです。それは半分は正しいのですが、半分は違います。

確かに、マルチタスクを処理するスキルを持った学生は高評価を受けます。ですが、それは保守的な優等生が欲しいからではなく、マルチタスク処理能力つまり自己管理能力を、期待される学生像の中で極めて高い優先順位に設定しているからに他なりません。

3-10 期待される学生像「伝統の継承者と破壊者」

アメリカの大学の愛校心は非常に強いものがあります。特に名門と言われる大学になればなるほど、同窓生組織が充実しており、毎年の同窓会だけでなく、学校によってはマンハッタンの五番街などの超一等地に「同窓生クラブ」を設けて社交の中心としたり、自分の車に出身校のステッカーを貼ってみたり、大変な愛校心を持っているわけです。

その背景には、大学で学んだ内容や獲得した人脈が終生にわたって意味を持つということもありますし、何よりも密度の濃い学生生活4年間の記憶が社会人になっても残っていくということもあるでしょう。

そうした愛校心を支えているのが「伝統」です。

各大学には様々な「伝統」があり、その中にはピアノをぶっ壊す（MIT）とか、裸で駆けまわる（以前のプリンストン）というような「プランク（手の込んだ悪ふざけ）」の伝統、あるいは大学のスポーツチームの応援といったカジュアルなものもあります。

そうした悪ふざけの伝統は、卒業してからも続き、プリンストンの場

> **図 3-6** レガシー枠とは何か
>
> **私立大学のレガシー枠（Legacy Admission）**
>
> 大学の伝統を守っていくために、合否判定の際に「優遇」する
> - 教職員の子女
> - 親子何代にもわたる同窓生一家の出身者
>
> ↓
>
> **平等の価値観とは相容れないが、社会的に認められている**

合は同窓会の際に、いい年をした卒業生が大学前の目抜き通りであるナッソーストリートを仮装して練り歩くなどという伝統まで残っています。

それはともかく、学生を紳士淑女として扱うとして期末試験などの試験監督を置かない（プリンストン）、あるいはムリをしてでもレベルの高い科目を選択するのが当然（コロンビア）などといった学業に関するものももちろんあります。

さらに、スクールカラーや校章といったものへの強い愛着もあります。

そうした愛校心を支えるものとして、各校の伝統を継承していくという姿勢があります。大学が合格者を選抜するにあたって、「レガシー枠（Legacy Admission）」というものを設けているのはそのためです。

この「レガシー枠」というのは、教職員の子女を優遇するとか、親子

2代、いや3代4代にわたる同窓生一家の出身者を優遇するというもので、ある意味では「人間は皆平等」という社会的な価値観とは少し違う考え方です。

もちろん、これは基本的に私立大学に限られる話ですが、アメリカ社会はこうした「レガシー枠」という考え方には比較的寛容です。というのは、そうした3代4代にわたる同窓生一家が持っている「伝統」という目に見えない価値を大切にすることは、回り回って「全体に貢献する」ことになるからという漠然とした合意があるからです。

ですが、そうは言っても「レガシー」だけで合格にしていては大学全体の力が落ちていってしまいます。

従って、「枠」があるにしても、最近では「合否のボーダーラインに乗った場合だけ優遇する」とか、「アーリーで出してきた場合は、レガシーの学生はいきなりリジェクト（不合格）にはせず、合格でなくてもディファード（補欠）にしておく」という程度の優遇にとどめている大学も多いようです。

3-11 「レガシー」の他に地元優先もある

そうした「レガシー」に加えて、地元優先という考え方があります。

例えばハーバードであれば、マサチューセッツ州を中心としたニューイングランド地方出身の学生が若干有利であるとか、コーネルの場合はニューヨーク州の出身者が優遇されるというものです。

もちろん、あくまで微妙なさじ加減の領域ですが、大学としても基本的に合否判定にあたって「地元優遇」を行っていることを明言することもあります（コーネルの場合は部分的にニューヨーク州立の組織でもあるので、その点に関しては明確です）。

その背景にあるのは「大学はその属しているコミュニティに奉仕する存在」という考え方です。元々歴史的経緯から州の自治が強く、日本と

比べれば地方分権の進んでいるアメリカならではの考え方です。

これに加えて、あまりに遠くからの出願の場合は「真剣に入学して来る気があるのか」という疑念を持って願書の審査がされるということもあるようです。

こうした考え方の一方で、アメリカの大学は学生全員に「伝統の継承者」となることは期待はしていないということがあります。

例えば、大学にもよりますが「新任教授の選考にあたっては、できるだけその大学で博士号を取った人物以外から採用する」ということが建前になっています。つまり、その大学の出身者だけで学問の伝統を引き継いでいては「停滞に陥る」危険、そしてその結果として「競争に負ける」危険があるからです。

学部学生の入試でも同様で、伝統の継承者と破壊者の双方でうまくバランスを取って合格を出していくということをするようです。

では「伝統の破壊者」とは何かですが、私立の名門大学の場合はどちらかと言えば「レギュラー出願の願書の中で探していく」ことになると言われています。つまり、12月末に出願を締め切ってから3月末の合否発表まで3カ月をかけて、すべての願書を審査する中で「伝統の破壊者」をできるだけ拾うようにするというのです。

その「破壊者」ですが、文字通り「政府批判の好きな政治好きの若者」であるとか「前衛芸術のクリエーター」あるいは「先端科学への夢追い人」などといったタイプも歓迎されますが、そうした「目に見えて伝統破壊をやりそうな人物」というのは18歳の時点ではそうは願書の中から浮かび上がってはこないでしょう。

また、そうした種類の人物ばかりをあまりたくさん合格させて、アーリーで合格させた「伝統の継承者」と合わせて新入生のグループを形成しても、それが大学として最善の選択だという保証はありません。

そこで、多くの大学の場合は「伝統の維持と破壊」を意識して、大学の歴史を先へ進めるために何をやっているかというと、まずは多様な人

3-12 期待される学生像「多様な人材を世界中から」

　アメリカの名門私立大学、特にアイビーリーグ加盟校に関しては、「入学させる学生の多様化」を進めた歴史というのは、実は比較的浅いのです。

　例えば女子学生の入学許可に関しては、1970年代まで認められていませんでした（創立直後から共学であったコーネルを除く）。それまでは、例えばハーバードはラドクリフ・カレッジ、コロンビアはバーナード・カレッジという文字通り「姉妹校」である女子大学を併設していて女子学生は「そちらへ」という時代が長く続いていたのです。

　ちなみに、70年代に一気に「男女共学（Co-Ed コ・エド）」が実現すると、ラドクリフ・カレッジはハーバードに合併されて、ラドクリフに入学した学生も卒業する時にはハーバードの学士号を得ていきました。

　皇太子妃の雅子妃殿下はちょうどその年代に当たりますが、雅子妃より年長であるキャロライン・ケネディ駐日米国大使はラドクリフの卒業生です。一方のバーナード・カレッジは現在でも、コロンビアの姉妹校である名門女子大学としてニューヨークの教育界に大きな存在感を持っています。

　そうした「共学化」がされる前のアイビーというのは、白人の男子学生が圧倒的な多数を占める文字通りの「お坊ちゃん学校」でした。彼らの多くは代々がその大学の卒業生という「レガシー枠」でありましたし、各大学に併設された「プレップスクール（Prep School）」という私立進学校から「エスカレーター式」に進学してきた学生も多かったのです。

　もちろん、そうした「前世紀のアイビー」も教育内容に関しては一流

を目指していましたし、事実そうした中からアメリカを背負うリーダーや、優秀な学者たちは育っています。ですが、それもこれも、白人男性優位という時代の枠組みの中でのことでした。

　1970年代以降のアメリカの大学は段階を追って多様な人材を集めていくようになりました。
　まず、女性の問題があります。70年代から80年代にかけてが「男女共学」の体制の確立期であったとすると、90年代から2000年代は完成期であったと言えます。
　現在は、一部の理系専門の大学を除いて、公立大学のほとんどすべてに加えて、アイビーをはじめとする名門私立大学に至るまで、合格者数から最終入学者数に至るまで「ほぼ男女同数」になるというところまで来ています。
　この問題に関して言えば、例えばハーバードでは元合衆国連邦財務長官（日本の財務大臣＋金融大臣に相当）を務めたローレンス・サマーズ氏が学長を務めていたのですが、サマーズ氏は何を考えたのか「理系の技術者にはやはり女性は不向きだ」などという「大失言」をやらかして、学長のイスを追われています。
　サマーズ氏は、この「前科」が後々まで尾を引いて、2013年にはベン・バーナンキ氏の後継としてFRB議長（連銀総裁）にあと一歩というところで、ジャネット・イエレン氏という女性候補にその座を奪われています。
　このサマーズ氏とハーバードが「もたついて」いる間に、全米、全世界から優秀な理系の女子学生を集めていたのがプリンストンです。プリンストンは女性学長のリーダーシップの下で、単に女子学生の入学を5割に持っていくだけでなく、理系の各学科における男女比をほぼ50％に持っていくことに努力をして、現在では優秀な女性の理系研究者の教育機関として評価を高めているのです。
　現在では、まだ男子学生がやや多いMIT、カルテック、ジョージア

工科大学などの一流理系大学も必死になって「優秀な理系女子」を集めようとしています。

3-13 人種の多様化を進めてきた大学の歴史

次に各大学が必死になったのが、人種の多様化です。

アメリカには「アファーマティブ・アクション」という制度があります。70年代の公民権運動を受けて人種差別を撤廃するための具体策で、要するに「その地域の学校や職場は、その地域の人種構成を反映していなくてはならない」という考え方です。

例えばアフリカ系の多い地区、ヒスパニックの多い地区であるにもかかわらず、ある学校や職場が白人で占められていたら、その状態は「違法」だということになります。この「アファーマティブ・アクション」は、あくまで差別の残る社会を是正していくための措置であり、かなり広範にアメリカの社会で受け入れられています。

こうした「人種の多様化」という点に関しても、ハーバードとプリンストンはお互いにライバルとして改善を競ってきました。

この人種問題では、リベラルなイメージの強いハーバードが90年代はややリードしていたのですが、前に述べた「サマーズ問題」でガタガタしていた時期にプリンストンがハーバードから、アフリカ系アメリカ人の研究を専門とした優秀な教授を複数引っこ抜くという事件がありました。敵失に乗じて、この人種の多様化という点で遅れを取っていたのを挽回しようとしたのです。

ちなみに、90年代までのプリンストンは、人種の多様化を指向してはいましたが、まだまだ「白人優位の雰囲気」が残っていました。ですが、2000年代を迎えた今、プリンストンを含め、多くの大学が人種の多様化という点で様々な努力をしているのです。

その点で、コロンビアを優秀な成績で卒業した後に、ハーバードの法

科大学院を首席で卒業したバラク・オバマと、当時は珍しかった黒人女子学生としてプリンストンを卒業して同じくハーバードの法科大学院を卒業、辣腕弁護士として鳴らしたミシェル・オバマというカップルは、「新しい時代のアイビーリーグ」をある意味で代表する存在であるとも言えるでしょう。

　もちろん、白人などの「マジョリティ」から見れば、「逆差別ではないか」ということにもなるわけで、近年は制度の見直しがされている部分もあるのですが、大学の入学審査においては、公立大学だけでなく私立の名門に至るまで、この考え方は専攻の判断基準の中に今でも生きています。
　人種の多様化ということでは、現在の各大学はヒスパニックの優秀な学生を集めることや、ロシア、東欧圏、イスラム圏などの学生を集める方向に動いています。
　一方で、中国系、韓国系に代表される東アジアからの学生に関しては少々事情が異なります。この考え方からすれば、白人以外の有色人種は有利になるはずでありますし、アジア系もその恩恵を受けてもよさそうです。
　ですが、実際はそうではないのです。というのは、優秀な学生層の中でアジア系は多すぎるのです。もちろん、多すぎるから著しく不利になるということではありませんが、残念ながらアジア系に関しては「優遇措置はない」と考えるべきでしょう。

3-14 期待される学生像「とにかく凄い学生」

　こうした要素に加えて、アメリカの特に名門大学が目を皿のようにして探しているのが「とにかく凄い学生」という概念です。
　伝統の維持とか破壊とか、あるいは秀才だとか天才だというようなカ

テゴリとはまた別に、「非凡な人材」を確保しようというのです。

　学力だけでなくスポーツや音楽の活動を重視するというのは、本章で述べてきたように「マルチタスク処理能力」を見るためですが、それに加えてスポーツや音楽などの活動を通じて「非凡な世界を経験した非凡な人材」を迎え入れたいという意志があるのです。

　ハーバードはこうした「非凡な人材」を入学させることで有名です。

　例えば、すでに芸能や芸術の世界で活躍しているトップクラスの人材として、女優のナタリー・ポートマン、バイオリニストの五嶋龍といった例が挙げられます。芸能とか音楽と言っても、高校の演劇部やオーケストラで活躍したというレベルではないわけです。

　では、この２人の場合は、それぞれ演劇や音楽が専攻であったかというとそうではなく、ポートマンは心理学を、五嶋の場合は物理学を専攻しています。これは、すでに有名人である人間を入学させることで大学のイメージの向上を図ろうというのではなく、このような「非凡な人材」を入学させることで、研究や教育のコミュニティとしても「非凡」であること、そうした大学としての強みを維持していこうということと理解できます。

　こうした戦略を取っているのは、何もハーバードだけではありません。例えば、コロンビア大学が歌手のアリシア・キーズや宇多田ヒカルを入学させたのも、少し以前になりますが、イェールが女優のジョディ・フォスターを入学させたのも同じことです。

　イェールと言えば、2002年のソルトレイクシティ五輪で、女子フィギュアスケートで金メダルを取ったアメリカのサラ・ヒューズが、その後はスケートから引退してイェール大学に進学しています。彼女の場合は、履歴書のスポーツ活動の欄に「オリンピックでの金メダル」ということを書いて合格したわけです。ちなみに、専攻はアメリカ政治だそうです。

　こうした「非凡」だとか「凄い学生」という点では、何も「超一流」

図 3-7 アイビーに入った「非凡な人材」の例

| ハーバード | ● ナタリー・ポートマン（女優） ⟶ 心理学専攻
● 五嶋龍（バイオリニスト） ⟶ 物理学専攻 |

| コロンビア | ● アリシア・キーズ（歌手） ⟶ 中退
● 宇多田ヒカル（歌手） ⟶ 中退 |

| イェール | ● サラ・ヒューズ（金メダリスト）
　　　　　　　　　　　⟶ アメリカ政治専攻 |

だけが評価されるのではありません。反対に、大変な逆境の中から出てきた才能というのも重視されます。例えば、2012年にハーバードは「ホームレス高校生」を入学させたということで話題になりました。

　この年に合格したノースカロライナ州出身のドーン・ロギンスさんという受験生は、貧困とドラッグ中毒に囲まれて育ち、父親からも母親からも遺棄された文字通りの「ホームレス高校生」でした。

　高校に進学した時点では、不登校が目立ち、学校は彼女をドロップアウト（中退）候補とみなしていたそうですが、「バイオ（生物）を極める中で何か新しい発見に関わっていきたい」という夢を持っていた彼女は、高校から「生徒と用務員としての二重在籍」を認めるという特例を受けて、放課後は校舎の掃除をして生活費を得て、勉強に打ち込んだのだそうです。

　ハーバード入学後のロギンスさんは、ハーバードではフェイスブック創業者のマーク・ザッカーバーグが暮らしていた寮に入り、優秀な成績

で学生生活のスタートを切ったと言います。

　この他にもハーバードは、同じ年にオハイオ州クリーブランド出身のホームレス高校生を入学させていますし、2000年に入学して、同大学卒業後に心理カウンセリングの会社を立ち上げているニューヨーク出身のリズ・マレー氏も有名です。彼女に関しては、都市型の退廃した生活に陥った両親からネグレクトを受ける中で、15歳の時に母親がエイズで死亡、父親はホームレスの救護所に入ってしまって、自分は遺棄されているのです。

　こうした経験を踏み台に、マレー氏は自身の半生を『ブレイキング・ナイト』（邦訳・阪急コミュニケーションズ）という書籍にまとめ、現在は同様のケースに陥った人々を救済する活動をしています。こうしたホームレス高校生をハーバードが入学させるのは、そこにあるキャラクターの強さという資質、つまり「凄い学生」であることを評価するからだと言えます。

3-15　AOは「願書の信頼性」をどう確認するのか

　受験会場に一斉に受験生を集めて、試験監督が不正行為を監視するというのは、日本の入試ではお馴染みの光景です。

　ですが、アメリカの入試ではこうした風景は一切見られません。第三者機関の実施するSATやACTテストに関しては、会場も試験時間も試験監督もありますが、願書の重要な部分である履歴書は完全に自己申告ですし、エッセイも自宅で書いていいだけでなく教師の指導を受けても構わないのです。また各高校から寄せられる内申書の点数はそのまま評価材料として使われます。

　こうなると、不正行為が横行して大混乱になる危険性が否定できません。そうではあるのですが、アメリカの大学入試制度は社会的に信頼されており、「エッセイは会場で監督下で書くべきだ」とか、「内申書より

もSATの点数を重視した方が公正だ」などという議論は現時点では起きていないのです。

では、アメリカの受験生は大変に正直であり、不正行為など「全くあり得ない」のでしょうか？

そんなことはありません。監視を緩めれば不正行為はいくらでも起きると思います。現在のアメリカの大学入試事情は大変に加熱しており、年を追うごとに入試の倍率が膨らむ中で、受験生本人も保護者もピリピリしているからです。

例えばSATに関して言えば、数年に1度は大規模な不正行為の摘発が起きます。2013年にはこの1年だけでも、ニューヨークのロングアイランドにある有名進学校でSATの集団不正行為が発覚して全米で大きな問題になりましたし、韓国でSATの問題が事前に漏洩したということで韓国は「海外受験地」の資格を停止される処分を受けています。

特にロングアイランドの事件は、SATの成績を少しでもアップしたい受験生が、その高校の卒業生で現在は大学生のグループに頼んで「組織的な替え玉受験」を行うという大胆なものでした。

SATで不正が横行するのですから、自己申告制の内申書やエッセイ、履歴書などはいくらでも改ざんが可能だと言えます。では、大学のAOはどうやって不正を見抜くのでしょうか？

まず「一貫性」の問題があります。Chapter 2でも触れたのですが、複数の情報源を集めて矛盾点を調べるというノウハウを、各大学のAOが持っていると言われます。

自己申告の履歴書で記述した内容、受験生本人のエッセイに出てきた「自分の経験」、そして第三者が書いた推薦状、そのいずれについても大学側は「できるだけ具体的な事実（ファクト）」が書かれたものが「良い」としています。そのようにして集めた「事実」を照合し、そこに一貫性があるのかをチェックするのです。

さらに客観データとの照合もしているという説があります。

例えば、スポーツにおける戦績や、音楽やアート活動における入賞履歴というのは、可能な限りネット上の記録と照合していくのです。そこで明らかな「水増し」や「事実に反する記述」が発見されれば、願書としては相当なダメージとなるに違いありません。

問題は内申書です。同じ数学の「プリ・カルク（Pre-Calculus 微積分学の前段階の代数学）」でAを取っていたとして、学力水準の高い高校のAと高校中退率が70％の高校のAとは直接比較はできないことになります。こうした場合に備えて、各大学のAOとしては統計的なデータの蓄積を行っていると言います。

統計的データというのは2種類あります。

一つは、それぞれの高校の「プリ・カルク」の成績分布とSAT（もしくはSAT2）の数学の成績との相関を追跡したものです。これによって、全国的な水準と比較した高校のレベルがわかります。

もう一つは、在籍する学生の入学後の成績と各高校の内申書の相関を追跡したものです。この二つのデータを使って内申点に関しては、修正をしながら評価をしていると考えられます。

ですが、こうした行為はある意味では「進学校の優遇」であり、同時に「貧困地区出身者への差別」だという見方をされる危険があるわけです。そのために、多くの公立大学の場合は内申点の評価は機械的に行い、相対的な学力評価はSATなどの全国テストだけを利用するようにしているようです。

CHAPTER

4

競争に
勝つには
何歳から
準備すべきか？

4-1 スタート地点は13歳

　ここまで見てきたように、アメリカの大学入試制度は大変に複雑です。

　日本や韓国の大学入試のことを「受験地獄（Entrance Exam Hell）」という言い方があるのは、アメリカでもよく知られています。ですが、実態を知ったアメリカの高校生や大学生からは「ペーパーだけの一発勝負というのは甘い。本物の『地獄』はこっちの方だ」というコメントが返ってくることが多いのも事実です。

　どちらが「より地獄」であるかは意見の分かれるところでしょうが、いずれにしても、アメリカの場合は統一テストの成績だけでなく、内申点、スポーツや芸術活動の履歴、ボランティア経験に加えて、エッセイを書き、有力な推薦状を獲得するというのは大変な努力を要するわけです。

　なかには「物理が好きでたまらなくて、自然に大学レベルの学力がついたし自分のテーマも持っている」というような学生もいるわけです。ここまで見てきたように、アメリカの大学が最も評価するのはこのタイプです。

　ですが、こうした「突き抜けた」天才や秀才というのはごく少数に過ぎません。

　他の多くの「普通の秀才」たちは、名門大学の合否ラインの上で悪戦苦闘しているのです。ですが、合否ラインの上での悪戦苦闘というのは表現として正しくないかもしれません。というのは、アメリカの大学入試において十分な「準備」をするには、1年や2年の「受験勉強」では間に合わないからです。

　多くの高校生は、高校4年生（シニアイヤー）になると大学の出願準備に追われるわけですが、実はこの時点でジタバタしても始まらないのです。本当の競争はもっと早期に始まっていますし、17歳のシニアとい

う時点ではすでに相当な差がついているのは事実だからです。

　では、何歳がアメリカの大学受験のスタート地点なのでしょうか？
　やや受験「地獄」を煽(あお)るような言い方になりますが、「13歳＝高校進学の前年」を一つのスタート地点とするのが妥当でしょう。
　ちなみに、Chapter 1 の冒頭で少し説明したように、日本の６・３・３制のような固定的な「学年構成」はアメリカの公教育には厳密には存在しません。
　市町村によっては、小学校が「初級小学校」と「上級小学校」に分かれていたり、中学が２学年だったり３学年だったり、あるいは４学年制の中学校もあったりというようにバラバラです。ですが、無償の公教育の最後にあたる高校というのは、だいたい４学年ということで統一がとれているのです。
　その前年、つまり12学年制で言えば８年生にあたる「中学の最高学年」、満年齢で言えば13歳というのが鍵を握る学年だと言えるでしょう。

　この「13歳」をターニングポイントとするというのには、複数の理由を指摘することができます。
　この学年から学校の宿題の量や授業内容が一気に難しくなるということが一つ。また、部活に関してもこの学年から本格化しますし、音楽などの芸術活動に関しても、この学年の実績を元にして高校進学後の「選択」が考慮されることになるからです。
　もっと具体的に言えば、多くの学区の公立高校で、この学年の成績をベースに「高校１年生に進学後の選択科目」の受講許可を出すということがあります。特に数学に関しては、高校進学の後は得意不得意によってどんどん科目の飛び級をする生徒と、ノンビリと「卒業の最低条件」のクリアで良しとする生徒の間で段階の差がついていくわけです。
　その中で、「１年でも先へ」とより高度な科目を履修することが名門大学への近道であることは間違いありません。

> **図 4-1　なぜ「13歳」がターニングポイントなのか**
>
> **13歳＝中学の最高学年**
>
> - 宿題の量が増え、授業内容が難しくなる
> - 部活も本格化する
>
> （この学年の成績・実績を元に高校進学後の「選択科目」が考慮される）
>
> ↓
>
> **高校進学後の「科目の飛び級」に影響**
>
> - 私立のエリート養成高校「プレップスクール」に進学する場合、その入試がある

　ハッキリ言って、その前の学年、つまり12歳までであれば多少の成績の良し悪しはいくらでも挽回できるのですが、ここから先は「1年1年が重要」ということになります。

　ここまでの「科目選択の飛び級」の話はあくまで公立高校の話ですが、私立の受験校、特に「プレップスクール」と呼ばれるエリート養成高校の場合は事情が異なります。

　その実態に関しては本章の後半で見ていきますが、このプレップスクールに入学したい場合は入試を受けなくてはなりません。その入試があるのも「8年生」つまり「中学の最高学年となる13歳」なのです。

　というわけで、13歳というのが大学受験のスタート地点になると言って構わないでしょう。競争はこの時点から始まるのです。

4-2 減点法ではなく加点法で上を目指す

　ちなみに、ここで言う「競争が始まっている」というのは「同学年の生徒同士がお互いをライバル視して蹴落とす戦い」という意味では全くありません。

　そもそも、アメリカの大学入試には厳密な定員というものはありません。また多数の学校を併願することが多いので、1校あたりの合格者数は「辞退を考慮した」分の水増しがされています。

　さらに言えば、ここまで見てきたように、アメリカの大学の合格基準というのは基本的に「加点法」です。100点満点の試験を行って、100点から減点していくのではなく、平均的な17歳の若者像をまず想定し、そのレベルと比較していくことで、学力という意味でも、経験の総量、そして経験から得たものという意味でも、加点していくのです。

　何しろ、上を見れば、プロの音楽家や五輪の金メダリストという履歴書を出す受験生もあり、学力という意味でも本当にトップ校にトップで入る生徒は、すでに「30年後のノーベル物理学賞の可能性を秘めた着想」を持っていたりするわけです。

　そのようなレベルを100点として、誰もがそこを目指したり、その100点から減点法で相対評価を行うなどということは、全く無意味なわけです。

　つまり、平均的な学生像から、いかに「上を目指して」いくのか、そうした「加点法のルール」に従って貪欲に上を目指していくというイメージになるのです。

　そんな中では、限られた定員を前提とした「椅子取りゲーム」という感覚では、とてもこの長くて厳しい戦いを勝ち抜いていくことはできません。

　競争と言っても、ライバルより一歩でも先に出る競争というよりも、

平均的な高校生というレベルからすべての領域で非凡なレベルへと一歩でも近づける、つまり自分との戦いになるのです。

それは、単に物理的に「楽をしたい」という誘惑に勝つだけでなく、「自分はもしかしたら平凡なのではないか？」という疑念や、「どうせ自分は認められないかもしれない」という他人のせいにするような心理との戦いであると言ってもいいでしょう。

さらには、自分の進路に関して親や教師と対立した時は、そうした問題を乗り越える戦いも必要となります。そして何よりも時間との戦いという厳しさがあるのです。

いずれにしても、そうした「戦い」のスタート地点は13歳なのだと考えられます。

4-3 なぜ数学では飛び級をすべきか

アメリカの大学入試において、最も鍵を握る科目は数学です。

もちろん、国語（英語）も重要であり、SATでは数学の配点が800点である一方で、現時点では、英語の読解が800点、作文と文法で800点と1600点が英語に配分されています（2016年からは800点に戻ります）。

ですが、自発的な読書習慣などがあれば自然に学力が伸ばせる英語と比較して、数学はやはり意識的な努力が必要です。そして、それ以上に数学という科目は積み重ねであり、基礎から順に理解をしていかねば学力はつかないわけです。

さらに言えば、アメリカのカリキュラムの場合は、得意不得意によって難易度の異なる科目を選択していくシステムであるので、早期に「数学が得意」な状態にしておいて1学年ごとに、どんどん「先へ先へ」と科目を進めておかねばならないのです。

ここで簡単に中学から高校の数学科目の構成を確認しておきましょ

う。

　とりあえず標準的な学力の生徒の場合ですが、まず中学の最高学年で「アルジェブラ１（Algebra 代数１）」を履修します。その後は、

　　高１：ジオメトリ Geometry（幾何学）
　　高２：アルジェブラ２ Algebra2（代数２）
　　高３：プリ・カルク Pre-Calculus（微積分学の手前）
　　高４：カルク Calculus（微積分学）

という順番で履修するのが普通です（幾何学と代数２の順番が逆になっている学区もあります）。

　関数電卓をドンドン使って「数値化」しながら学ぶ傾向、難問奇問はないし計算の練習量が少ないなど、学習姿勢には日本とは大きな違いがあるのですが、内容的には日本の高校のカリキュラムとほぼ同等です。こうした科目を取っていて、成績が優良であれば各州の州立大学や中堅私立には入れるでしょう。

　ですが、アイビーをはじめとする名門大学全般では、これでは「全くダメ」なのです。トップ校ではなくても、理系的な進路を宣言して入る場合は、中堅校でもこうした科目の取り方では苦しいことになります。

　理由は簡単です。この高校のカリキュラムの先には、大学の数学のカリキュラムが接続されているからです。

　特に理系で最先端の勉強がしたければ、もっともっと先へ進めておかねば大学に入ってからのサイエンスの科目を履修するのに支障が出ますし、大学での数学単位の取得を「カルクの次」から始めていては、大学での科目選択（時間割構成）が破綻する可能性があるからです。

　理系だけではありません。中堅私立以上の大学では、非サイエンス系の学生にも「文系の微積分学」の履修や「統計学」を義務づけるところが多くなっています。その「文系の微積分学」にしても、この「カル

ク」の次の段階よりもう少し上級に設定されていることが多いのです。

そこから逆算して、文系的な専攻を志望している学生であっても、大学側は数学の成績は厳しく見るのです。

では、この「カルク」の先にどんな科目があるのかと言うと、

1 AP カルク AB（微積分中級）
2 AP カルク BC（微積分上級）
3 マルタイ・カルク（多変数微積分）
4 大学の数学（線形代数など）

という段階があります。

この内の「4 大学の数学（線形代数など）」になると、私立の「プレップスクール」では校内にこうした高度なレベルを教えられる教師陣を擁しているケースもありますが、多くの公立高校では対応はしていません。

そこで公立の場合は、そこまで到達した生徒には「ご褒美」として近所の大学へ出向いて、まさに「飛び級受講」をさせてあげるような制度を設けているところがあります。

この「4 大学の数学」のレベルまでいく生徒は、全国の高校生の中で一握りの例外です。

では、もう少し現実的な問題として、アイビーをはじめとする名門大学に「安心して出願できるレベル」というのは何かというと、それはできれば「3 マルタイ・カルク（多変数微積分）」のレベル、最低でも「2 AP カルク BC（微積分上級）」のレベルということになります。

ちなみに、日本からアイビーリーグ、MIT、スタンフォード、その次のレベルの大学を理系で受ける場合は、日本の数Ⅲは微分方程式が入っていないので不十分で、この点は注意が必要です。

もう一つ、日本から出願する場合は、できればその先の多変数の微積

2014年7月の新刊

ハーバードの自分を知る技術
悩めるエリートたちの人生戦略ロードマップ

学生や社会人が、今日も悩み相談に訪れる。就活、転職、人間関係、昇進……。ハーバード・ビジネススクールの"キャリア相談室長"がお教えします。

ロバート・S・カプラン　福井久美子訳　　●予価本体1600円／ISBN978-4-484-14111-4

アイビーリーグの入り方
アメリカ大学入試の知られざる実態と名門大学の合格基準

アメリカの高校生は志望校をどう選ぶのか。ボランティア経験は絶対に必要か。日本から出願する際の注意点は。アメリカでの進路指導経験から明かす「傾向と対策」の決定版。

冷泉彰彦　　●予価本体2500円／ISBN978-4-484-14223-4

なぜ昇進するのはいつもあなたではないのか
もっと早く知っておきたかった「社内政治」の技術

「いい仕事さえしていれば……」があなたの存在を軽くする。世界のエリート社員たちの実例から、望みどおりのキャリアを築くための「組織で生き抜く知恵」を学ぶ。

ジェーン・ホラン　矢沢聖子 訳　　●予価本体1600円／ISBN978-4-484-14109-1

恋するおっぱいヨガ
女のカラダを楽しむための秘密のビューティレッスン

バストのお手入れをすることで月経やPMS、更年期障害といった女性特有のトラブルにも間接的に働きかけることができる！ ヨガをベースとした心と体の整え方を伝授する1冊。

Yuki（おっぱいヨガインストラクター）　　●予価本体1200円／ISBN978-4-484-14222-7

pen BOOKS
美の起源、古代ギリシャ・ローマ

哲学の礎を築いた古代ギリシャ。広大な領土を治めた古代ローマ。多くの芸術家にインスピレーションを与えた豊饒な神話をたどりながら、ヨーロッパ文化の核に触れる。

ペン編集部 編　　●予価本体1800円／ISBN978-4-484-14225-8

お金持ちの教科書

好評既刊 7刷！

住む場所、移動手段、友達の選び方、見栄の張り方……多くのお金持ちと交流し、自らも富裕層の仲間入りをした果たした著者が見出した「お金持ちの真理」とは？

加谷珪一　　●本体1500円／ISBN978-4-484-14201-2

阪急コミュニケーションズ

〒153-8541　東京都目黒区目黒1-24-12　☎03(5436)5721
※定価には別途税が加算されます。

■ books.hankyu-com.co.jp
■ twitter:hancom_books

pen BOOKS 『Pen』で好評を博した特集が書籍になりました。 [ペン編集部 編]

ロシア・東欧デザイン		●本体1700円／ISBN978-4-484-13226-6
イスラムとは何か。		●本体1600円／ISBN978-4-484-13204-4
ユダヤとは何か。 聖地エルサレムへ	市川裕 監修	●本体1600円／ISBN978-4-484-12238-0
キリスト教とは何か。I 4刷	池上英洋 監修	●本体1800円／ISBN978-4-484-11232-9
キリスト教とは何か。II 3刷		●本体1800円／ISBN978-4-484-11233-6
神社とは何か？ お寺とは何か？ 9刷	武光誠 監修	●本体1500円／ISBN978-4-484-09231-7
神社とは何か？ お寺とは何か？ 2		●本体1500円／ISBN978-4-484-12210-6
ルネサンスとは何か。	池上英洋 監修	●本体1800円／ISBN978-4-484-12231-1
やっぱり好きだ！ 草間彌生。 3刷		●本体1800円／ISBN978-4-484-11220-6
恐竜の世界へ。 ここまでわかった！恐竜研究の最前線 2刷	真鍋真 監修	●本体1600円／ISBN978-4-484-11217-6
印象派。 絵画を変えた革命家たち		●本体1600円／ISBN978-4-484-10228-3
1冊まるごと佐藤可士和。[2000-2010]		●本体1700円／ISBN978-4-484-10215-3
広告のデザイン		●本体1500円／ISBN978-4-484-10209-2
江戸デザイン学。 2刷		●本体1500円／ISBN978-4-484-10203-0
もっと知りたい戦国武将。		●本体1500円／ISBN978-4-484-10202-3
美しい絵本。 3刷		●本体1500円／ISBN978-4-484-09233-1
千利休の功罪。 3刷	木村宗慎 監修	●本体1500円／ISBN978-4-484-09217-1
茶の湯デザイン 6刷	木村宗慎 監修	●本体1800円／ISBN978-4-484-09216-4
ルーヴル美術館へ。		●本体1600円／ISBN978-4-484-09214-0
パリ美術館マップ		●本体1600円／ISBN978-4-484-09215-7
ダ・ヴィンチ全作品・全解剖。 4刷	池上英洋 監修	●本体1500円／ISBN978-4-484-09212-6

分も習得しておくことが望ましく、さらには日本では初歩しかやらない統計学は大きなハンデになるので、大学1年レベルの統計学もやっておいた方が良いでしょう。ただ、もう一つ指摘しておきたいのは、日本の一部の医学部や工学部が出題するような数Ⅱまでの難問奇問を解くような能力は一切必要ないということです。

4-4 学校内の「特急コース」で飛び級を行う場合

　話を戻しますと、小学校から中学高校と「標準カリキュラム」のペースで進んでいてはダメだということになります。そこで科目の飛び級、アメリカで言うところの「アクセラレーション（Acceleration 加速）」をしていかなくてはなりません。

　方法には大きく分けて4種類があります。

　まず、市町村によっては公立の小学校で「数学の特別コース」を設けている場合があります。

　名称は学区によって異なりますが、例えばニュージャージー州の一部の学区では「GT（Gifted and Talented 天賦の才能）コース」などと言う名称がついています。これは小学校の4年生とか5年生からスタートする特別コースで、カリキュラム的にはどんどん進んで、高校入学時点までに「一般プラス2学年」ぐらいの「科目の飛び級」ができるように設計されているのです。

　選抜にあたっては小学校3年生時点での数学の成績がベースになりますが、実際はこのような低学年での「得意科目」というのが中学から高校まで続くかというと、必ずしもそうではないわけです。

　このような「特急コース」にいても、8年生つまり13歳の時点までくると、かなり「苦しくなって」くる生徒も出てくるのです。「プラス2学年」というのは「代数2」に相当するわけで、日本で言うところの高

図4-2 「科目の飛び級」をする方法は4種類

1. 公立校に設けられた「特急コース」で学んでいく
2. 上のレベルの科目が履修できるよう学校と交渉する
3. 単位が認定される「夏期講習」を受ける
4. 私立のエリート養成高校「プレップスクール」に入る

校の数学Ⅰあるいは数学Ⅱに該当する内容を13歳で履修するというのは、なかなか大変です。

　まして、親に背中を押される中で、9歳時点での「数学が得意」という勢いのままでこのレベルまできて、依然として成績優秀という生徒は相当に限られてきます。

　つまり、9歳の時点で「天才」でも13歳の時点で「タダの人」になってしまうケースが多いわけで、その壁を突破して「プラス2学年」のアドバンテージを保ちながら好成績を維持することができるかどうかは、この13歳あたりが一つのターニングポイントになるでしょう。

　ちなみに、特に進学熱が高くない学区の中学では、小学校段階では「特急コース」は設けないで中学校の段階から数学の能力別に分けたクラスをスタートするという場合もあります。

　では、そのような「特急コース」に入らなかった、あるいは住んでいる地域によってはそうした「特急コース」が設置されていない場合はど

うしたらいいのでしょうか？

4-5 学校と交渉して飛び級を行う場合

　第2の方法は、とにかく各科目で優秀な成績を取って、1段階でもいいから毎年上の科目が履修できるように「ネゴ」をすることです。

　同じ公立の中学や高校でも、大規模進学校の場合は、いちいちネゴに応じていたらカリキュラムや教室の定員がメチャクチャになることもあり、科目の飛び級に関するルールが厳しくなっています。

　一方で、地方の小規模な学校では、少々の「秀才」であれば、珍しい存在だからとカリキュラムの融通を利かせて、学区ぐるみで柔軟な対応をしてくれることもあります。

　それはともかく、仮にルールの厳しい学区であっても、とにかく高校進学の前から中学校のカウンセラー、あるいは高校のカウンセラーに掛けあうのが正道となります。「最終的に数学をあるレベルまで履修するには、どういった順番で履修し、どの程度の成績が最低条件なのか」を確認しつつ、交渉をするということになるのです。

　例えばですが、ニュージャージー州北部のある高校生は10年生の終わりに、ここまでの数学科目の取り方や成績からは「AP微積分AB」が妥当だとして、学校側から翌年の科目を指定されたそうです。

　ですが、サイエンス科目の成績が優良だということを理由に、もう一つ上の段階の「AP微積分BC」が取りたいし、良い成績を取る自信があると主張して認めさせたそうです。その高校は公立の大規模校でしたが、このような場合には「ネゴ」が成立することもあります。

　しかしながら、その科目の実力がないのに、進学対策で「やたらに上の科目を取りたがる」生徒には、もっと実力相応のクラスを勧めるのがカウンセラーとしては当然の対応となりますし、そもそも難しい科目を

取っても内容についていけないのでは元も子もありません。

　原則としては、学校としてムリな「科目の飛び級」をさせることで、「飛び越した」ために履修していない分野が出ることは基本的にはさせないので、いくらアメリカの教育が柔軟だからといって、そこには一定の限界はあるわけです。

　とはいえ、高校進学の前後で「ようやく受験のためには数学をもっと先へ進ませていかなくてはならないことがわかった」という生徒が、指を折って計算してみると「どうしても高校4年間では届かない」ことが判明したとしたら、どうでしょうか？

　その時点で気づいたのでは、どんなに優秀な生徒でもアイビーなどの名門大学は諦めなくてはならないのでしょうか？

4-6　夏期講習を受けて飛び級を行う場合

　そうした場合に有効なのが、第3の方法です。それは、夏休みの期間に開催される「単位認定夏期講習」を受けるという手段です。

　つまり、中学から高校に進学する際に、そのままでは高1では「幾何学」の履修になってしまうとします。ですが、進学を考えると高1では「代数2」を取っておきたいという場合に、その「幾何学」を夏休みの講習で取ってしまうのです。

　この夏期講習ですが、多くの私立高校が自校の生徒だけでなく一般向けに開催していますし、塾などの企業が参入している場合もあります。また大学が実施している場合もありますし、地域によっては公立高校自身がやっているというケースもあります。

　期間はだいたい6週間前後で、その間に午前もしくは午後の数時間をかけて集中講義方式で「1年分の数学」を履修してしまうのです。

　講習の期間内には何度かのテストがあり、最後にはカリキュラム全体の習得度を確認するための期末テストがあります。その結果に基いて、

「合格・不合格」の判定がされて通知されるというシステムです。

　ただ、学区によってはその夏期講習の「合格」という判定だけでは単位を認定しないところもあります。その場合は、事前に申し込んでおいて自分の学校もしくは学区での「単位認定試験」を受けなくてはなりません。そして「夏期講習の最終試験結果が合格だった」という証明の出た後に、自分の学区または学校の指定する試験日に別の「公式な単位認定テスト」を受けることになります。

　そこで合格すると、晴れて「１年分の単位」この場合では、中学から高校に進学する夏休みに「幾何学」の単位が取れたということになるわけです。その結果は、そのまま高校のカウンセラーに通知されますから、簡単な手続きで高１でありながら「代数２」のクラスに入れてもらえるということになります。

　こうした夏期講習を使った「科目の飛び級」を２回以上行えば、最終的に数学のレベルに関して「特急コース」を走ってきた生徒たちに追いつくことができますし、そこで「APカルクBC」や「マルタイ・カルク」などの高度な科目で依然として良い成績が取れていれば、名門大学への距離はグッと近くなるということになります。

　この「科目の飛び級」ですが、主として数学について行われているものです。ですが、その他にもサイエンス系の科目でも行われることがあります。

　理系の専攻を宣言して名門大学に入るには、サイエンスに関して「物理」「化学」「生物」の３科目で優秀な学校での成績と、SAT2に加えてAP、もしくはIBの好成績という「学力の証明」を揃えなくてはならないということは前の章で説明した通りです。

　その場合に、例えば学校のカリキュラムの組み合わせによっては「４年間のうちにすべてを履修できない」というケースが出てきます。正確に言うと、大学出願時にアピールするためには、少なくとも11年生（ジュニア）という卒業学年の１年前までに取っておかねばなりません。

そうなると、高校の３年間の時間割が破綻する危険が出てきます。例えば音楽の「マーチングバンド」や「オーケストラ」の科目とバッティングしたからといって、サイエンスの科目を優先してしまって音楽活動が途切れてしまっては、音楽に関するそこまでの努力が無駄になることもあります。

　そうした場合に、サイエンスの一部の科目を、数学同様に夏期講習でカバーするというストラテジーもあり得るわけです。

　ここまでの「科目の飛び級」というのは、公立高校を含めた幅広い高校生を対象とした話です。

　ですが、４番目に紹介する「方法」というのはこれとは異なります。ここまでの章でも触れてきたように、アメリカには「学校ぐるみ」で、名門大学への進学を前提とした高度な教育を行っている私立高校が存在します。いわゆる「プレップスクール」です。

4-7 プレップスクールという「飛び級」の方法

　アメリカの公教育は幼稚園の年長（Kindergarten キンダーガーテン）から高校までの13年間は、各市町村が設置する教育委員会の下で運営される公立学校が無償教育を提供しています。その一方で、国や地方公共団体の援助を受けない独立した「私立学校」というのも全米に存在しています。

　その中には、カトリックやクエーカーなどの宗教を背景にしたもの、ギリシャ系とか中国系などの民族教育・語学教育を行うもの、モンテッソーリ式など教育理論に基づいたものなど個性的な学校もあります。

　基本的には少人数教育を特徴としていますが、私学助成制度はアメリカには存在しないために政府の補助がないこともあって、授業料は年額３万5000ドル（350万円相当）程度になるなど著しく高額です。

こうした私立学校の中で、独自の伝統とプライドを持っているのが、俗に言う「プレップスクール」です。その名（prep プレップ = preparation の略＝準備）の通り、いわゆるアイビーリーグなどの名門大学への「準備」をする学校という位置づけです。日本式の言い方をすれば「アイビー予科」ということになります。

　このプレップスクールの定義ですが、基本的に高度な教育を志向する私立学校は全米に分散している中で、東海岸にあり、昔はアイビーリーグと強い提携関係にあった学校のことを指すことが多いようです。

　その中でも「10校会（Ten Schools Admissions Organization）」という団体に属している以下の10校が、最も格式と内容を備えているとされています。

- チョート・ローズマリー・ホール Choate Rosemary Hall（コネチカット州）
- ディアフィールド・アカデミー Deerfield Academy（マサチューセッツ州）
- ヒル・スクール The Hill School（ペンシルベニア州）
- ホッチキス・スクール The Hotchkiss School（コネチカット州）
- ローレンスビル・スクール The Lawrenceville School（ニュージャージー州）
- ルーミス・チャフィー The Loomis Chaffee（コネチカット州）
- フィリップス・アカデミー Phillips Academy（マサチューセッツ州）
- フィリップス・エグゼター・アカデミー Phillips Exeter Academy（ニューハンプシャー州）
- セント・ポールズ・スクール St. Paul's School（ニューハンプシャー州）
- タフト・スクール The Taft School（コネチカット州）

　こうした「名門プレップスクール」の多くは、アイビーリーグなどの

名門大学の歴史とともに歩んできています。アイビーが男子校であった時代には、こうしたプレップスクールも男子校でしたし、その頃にはこうしたプレップスクールからアイビーへの進学は「エスカレーター式」に優先権が与えられていた時代もありました。

例えば、上記の10校の中でも有名なローレンスビル・スクールの卒業生は、自動的にプリンストン大学に進学できた時代もあるのです。戦前の話になりますが、近衛文麿首相の息子で、近衛文隆という人は、高校生の時代にローレンスビルに入学して、ゴルフ部のキャプテンとして有名になり、そのままプリンストンに進学しています。

ですが、時代の趨勢もあり、プレップスクールの卒業生が自動的に内部進学という制度は廃止されていますし、今では共学化がされる一方で、アジアなどからの留学生も多くなっています。

そうした変化の中でも、今でもこうした学校はプレップスクールと呼ばれています。それは、確かに「アイビーなどの名門大学への進学準備」に特化した教育が行われているからです。

4-8 プレップスクールでは何が教えられているのか

その内容ですが、SAT満点を目指して塾のような授業をやったり、より優れたエッセイを書くための特訓がされたりしているのでは「全くありません」。

そうではなくて、高校の4年間で大学の1年生から2年生の内容、あるいはそれに近い内容の教育を行うのです。そこに「プレップ」の「プレップ」である価値があるというわけです。

例えば数学やサイエンス科目では、公立校ではなかなか難しい「科目の飛び級」を全校レベルでどんどん行っていますし、文系の科目でも「リーディングアサインメント（読書課題）」を示しておいて、その内容を理解していることを前提にディスカッション形式の授業が行われるの

です。そのようなアプローチを通じて、名門大学での授業にそのまま参加できるような訓練を重ねる一方で、大学の学習内容をどんどん先取りするのです。

ディスカッションに参加するコミュニケーション能力、そして何よりも、抽象概念を扱った思考と表現能力が徹底的に訓練されるわけで、その中から「将来の専攻へ向けて、方向性の絞込み」もできるようになっています。

一方で環境ということでは、多くの場合、一部のアイビーと同様に自然の中に広大なキャンパスを構えており、基本的には全寮制で24時間クラスメイトやルームメイトと過ごすということでも、アイビーの伝統を高校生レベルで経験していくことになります。

例えば、日曜から金曜までは膨大な宿題と格闘させられるのですが、金曜の晩や土曜日はそれこそ相当なハメ外しが許容されるなど、独特のスノッブな伝統が生きています。

教員も典型的な高校教師という人物ではなく、その母校出身者で実際にアイビーなどで高度な教育を受けてきた人間が、強烈な愛校心を持って教えているというケースが多くなっています。

例えば、全世界的なベストセラー小説『ダ・ヴィンチ・コード』の作者であるダン・ブラウンは、先ほどの「10校」の一つである、フィリップス・エグゼター・アカデミーの出身であり（大学はアマースト・カレッジ）、同校の教師を今でも務めています。ブラウンの場合は、スペイン語の教師だそうですが、いずれにしても、そうした「超高校級」の教員を擁する中で、ディスカッション形式の授業などが相当なハイレベルで実施されているのです。

このプレップスクールですが、日本の私立高校とは違って、まず「授業料の支払い能力」という「足切り」があります。

大学同様に「多様性確保」ということが活力維持のためには必要だということで、貧困地区出身の「天才」を引っ張り込む努力などもされて

図 4-3 プレップスクールとは何か

- アイビーリーグなど名門大学への進学が目的
- 入試対策を行うのではなく、大学の学習内容を先取りする授業
- キャンパスは広大で全寮制を敷く
- 授業料は高額、大学のような入試もある

いますし、徐々に奨学金制度を拡大しつつあるのも事実です。

　ですが、仮に全額を負担するということだと、授業料で年額３万5000ドル、寮費を入れると４年間で20万ドル（2000万円）という「投資」ができるかどうかということで、こうした学校に子供を入れることのできる層は限られてしまうわけです。

　そうなのですが、近年は受験戦争の過熱化ということもあり、名門のプレップスクールの受験も競争率が激化してきています。その受験ですが、これも大学と基本的には同じようなシステムになっています。

　毎年９月に「翌年９月の入学」を前提とした願書の受付を開始し、冬から春にかけて合格を発表していくのです。その間に「SSAT」もしくは「ISEE」という学年相応のレベルの「SATテストのジュニア版」を受けさせたり、在籍している中学からの内申書の審査、あるいは面接などが行われます。

　これもまた、まさに「13歳」の岐路の一つとなるわけです。

4-9 アイビーキャンプに参加すれば有利なのか

アイビーなどの名門大学は、かつてはプレップスクールとの提携によって優秀な新入学生を確保しようとしていたわけです。その代わりというのとは少し違いますが、今でもいろいろな方法を使って優秀な学生を集めようとしています。

例えば、名門大学の場合はほぼ通年にわたって、高校生やその家族による「大学見学ツアー」の受け入れをしていますし、AO（入試事務室）の人間が手分けをして、全国の高校を回って大学説明会を開いたりもしています。

これに加えて、高校生向けの「アイビーキャンプ（Ivy Camp）」というものがあります。

これは、各大学が高校生を対象に夏休みに行う「集中講義」です。高校の課程の「飛び級」を行うための単位認定対象の夏期講習とは全く違って、大学レベルに近い「専門的な教育」を行うのが目的です。

いろいろな科目が開講されていますが、基本的にはサイエンスの各科目（物理、化学、生物）が中心で、大学によっては英文学とか国際関係、あるいは演劇やミュージカルなど「パフォーマンスアート」の関係もあります。期間は2週間から4週間で、多くの場合は合宿形式となり寮生活の体験もできるようになっているのです。

中でもサイエンスのキャンプは、アイビー志望の高校生が熱心に参加することで比較的知られており、高額（1コース4000ドルなど）な参加費用にもかかわらず毎年盛況となっています。

ちなみに、カネさえ払えば誰でも参加できるわけではなく、人気コースの場合は該当科目の高校での履修成績を提出したり、場合によってはSATの点数で選抜することもあるようです。

どうしてこの「アイビーキャンプ」が人気があるのかというと、それ

はキャンプに参加したほうが入試に有利という考え方があるからです。では、本当に名門大学への近道になるのでしょうか？

　答えは「イエス」であり「ノー」であると言えます。

　例えば、あるアイビー校の主催する高校生向けの「バイオテクノロジー」キャンプに参加したとします。

　その学生が「そのキャンプでの成績が良く」そして「生物の授業における参加姿勢が積極的」であり、さらに言えば「将来的な研究テーマにつながるアイディア」を持っているのなら、そして一流の教授陣が出講するこうしたキャンプに参加することが「本人のモチベーションを高める」効果があるのであれば、参加することは絶対にプラスになるでしょう。

　大学側はそうした「才能」に関しては、しっかりデータとして残しておくのです。やがてその高校生が出願してきた時に、仮に履歴書などの他の要素が「完璧」でなくても、あるいはエッセイの内容がやや幼稚であっても、キャンプでその学生を見た教授の評価が高ければ、合格という通知を出す可能性は高くなります。

　ですが、反対に本人のその科目に対するモチベーションが高くないにもかかわらず、あるいは全く才能がないにもかかわらず、「合格の手段」としてキャンプに参加してきたという印象を与えるようでは、キャンプに参加したことが逆効果になることもあり得ます。

　高いお金を払ったのだから「最低限、履歴書にハクはつくだろう」というのは甘いと言わざるを得ません。

　演劇やミュージカルの場合も同じで、そのキャンプというのは、全体が一つのオーディションのようなものであり、「見せるだけの実力」がある学生には参加する意味がありますが、そうではない場合は効果は薄いか、あるいはマイナスということになります。

　いずれにしても、こうした種類のキャンプに「高校3年生から4年生の間の夏休み」に参加する高校生は多くなっています。

近年では、アメリカ国内だけでなく、海外、特に中国から夏休みにこうしたキャンプに参加して来る学生も増えています。参加するための競争率もそのために高くなっているのです。

　そうした状況下、本当に質の高い、あるいはレベルの高いアイビーキャンプに参加するためには、それなりの準備が必要です。

　参加予定の年次から逆算して高校の低学年のうちに該当するサイエンス科目を高校で履修したり、他の「数学などの科目の飛び級」も早めにしておいて、出願直前の夏には志望校のアイビーキャンプに参加できるように計画的な履修をすることが必要になってきます。

4-10 重視されるスポーツ活動の評価基準は？

　大学受験におけるスポーツ活動の履歴というのは、大変に重視されると言われています。特に明確な研究テーマを持っているとか、物理の学力が大学レベルを超えているというような「突出した才能」ではない学生、つまり各大学の「平均的な合格者ゾーン」に入ってくる学生の場合は、合否を分ける基準としてスポーツ活動の質量というのは大きな要素になります。

　このスポーツというのは、1年や2年で成果が出るものではありません。では、アメリカの高校生や中学生はどのようにしてスポーツ活動を積み上げていくのでしょうか？

　その前に、スポーツ活動の評価基準を確認しておくことにします。

　まず、国際大会、あるいは国内の全国大会、その前段階の州大会といったレベルで相当に上位の成績であれば高く評価されます。個人競技はそうですが、団体競技の場合でも同じです。

　そのために、何に属するのが良いかというと、学校外の「クラブ」でも構わないのですが、多くの高校生にとっては高校の運動部で活躍する

ということになります。

　この運動部ですが、二つ大きな特徴があります。

　まず、アメリカの高校の場合は、1学年を三つに分けて「秋のスポーツ」「冬のスポーツ」「春のスポーツ」という3シーズン制を取っています。そして、それぞれのスポーツは基本的に1シーズンしかないということになります。

　そのシーズンとスポーツの関係ですが、全米で共通なのは、例えば高校の花形スポーツの場合であれば、「フットボールは秋」「バスケは冬」「野球は春」と決まっています。つまり、野球部は2月末から3月上旬に招集されて、5月末にシーズンが終わるのです。

　ということは、高校の正規の運動部としては、通年での野球部というのは存在しないのです。アメリカでフットボールと野球の「掛け持ち選手」が多いのはこのためです。

　もう一つの特徴は、高校の中に段階別のチームがあるということです。

　例えばフットボールや野球の場合だと、高校の代表チームが一つあって、その他の部員は補欠というシステムにはなっていません。多くの場合は、チームが3段階に分かれているのです。

　一番強い代表チームのことを「ヴァーシティ（Varsity）」と言い、その次の2年生以上の二軍が「JV (Junior Varsity ジュニア・ヴァーシティ)」そしてその他に1年生だけで編成された「フレッシュマン・チーム」というのがあります。そのような3段階構成になっているのが普通です。

　この中でヴァーシティに入っているというのは、高校の中でも「目立つ」ということになりますし、実際問題として大学受験の際の評価ポイントは高くなります。コモンアップ（全国統一の出願様式）の中にも、高校でのスポーツ履歴を入力する場所に「ヴァーシティ」であるか「JV」であるかを記入する欄があります。

　では、そのヴァーシティに入るにはどうしたらいいのかというと、こ

れはスポーツの種類にもよりますし、地域特性もありますが、通常は入団テストに合格するか、フレッシュマンのチーム、あるいはJVで実績を上げるしかありません。

そのためには相当に学年が低いうちから、そのスポーツに親しむことが必要になってきます。

野球の場合であれば、5歳時の「ティーボール」というのに始まって、リトルリーグを経て中学の野球部に入っていくことになります。フットボールもサッカーも同様ですし、同じくアメリカの花形スポーツであるバスケットボールや、アイスホッケーも同様です。小学生のレベルまでは地域のチームに属して練習し、中学になれば学校の部活が始まるので、そこに入るという流れになります。テニスやゴルフなどの個人競技も同様です。

もちろん、その中でも特に優秀な選手はスポーツ奨学生の枠を狙うとか、その延長で大学スポーツからプロという道も視野に入れていくということになるわけです。

ですが、多くの場合は、あくまでスポーツを真剣にやるのは高校の部活までであり、その高校の部活で活躍するために、幼稚園から小学校をスタート地点として野球、サッカー、フットボール、ラクロス、バスケットボールなどの種目で鍛えていくことになるのです。

4-11 フリーパス＆通年の陸上部は特別な存在

ちなみに、あるスポーツで頑張ってきたが、どうしてもヴァーシティのレベルには到達できなかった場合はどうしたらいいのでしょう？

その場合は、JVレベルであっても、そしてシーズンごとにスポーツの種目を変えながら、とにかく各シーズンずっと「空白期間」のないように、部活に参加し続けるのが良いとされています。

そうは言っても、テニスや水泳などは施設のキャパシティがあるの

で、部員の定員には限りがありますし、野球やバスケなどのチームスポーツの場合は、あまり補欠を多く取るわけにもいかないわけです。また野球やアイスホッケーなどのスポーツは、ある程度の素養がないと、いきなりプレーするというのは危険でもあります。

そうした理由から各スポーツには、仮にJVのレベルでも「入部テスト」があり、そこで合格しないとそもそも入部することができないのです。

ただ、学校にもよりますが陸上部というのは少し特別な位置づけになっています。陸上のスペシャリストを養成するという活動以外に、多くの高校生に基礎的な運動の機会を与えるという趣旨で「JVに関してはフリーパスで入部を許可する」のです。

また陸上部の場合は、季節ごとに「秋はクロスカントリー」「冬はインドアトラック競技」「春はアウトドアトラック競技」と名称も活動も変わるものの、通年で活動していることが多いのです。

ですから、どうしても特定のスポーツで活躍できない場合は、陸上部に4年間在籍してコツコツと体力づくりとタイムの向上に励むというのは、大学から見てもキチンと評価されるのです。

アメリカの大学生や社会人の間に、ジョギング文化というのが深く根を下ろしているのには、この「開かれた陸上部」の存在があるのかもしれません。

いずれにしても、スポーツというのは願書の中で合否を左右する大きな要素であり、特に高校の部活で活躍するためには、小さいころからの努力が要求されます。特に、高校進学の直前の学年である「8年生＝13歳」の時点での「中学の運動部」というのが、一つのスタート地点として重要になってくるのです。

ここでも「13歳がスタート地点」なのです。

ちなみに、スポーツ以外の課外活動も同じようなシステムとなっています。

オーケストラもマーチングバンドも、13歳の８年生あたりから本格化していきますし、高校に入ると毎学期のオーディションによって「フレッシュマン組」「JV組」「ヴァーシティ組」に分けられることが多くなっています。

　特にオーケストラやマーチングバンドの場合は、コンサートマスターやリーダーを頂点に、各パートの序列が決定されるなど徹底した競争のシステムがあります。そこで活躍するためには、やはり小学生レベルの小さなうちから個人レッスンについたり、選択科目の音楽の時間に参加し続けるなどの「積み上げ」が必要になってきます。

4-12 要領の良い若者が勝ち上がっていく仕組み

　いずれにしても、アメリカの大学受験のための競争は、出願の時期である高校４年生よりも、はるかに早い時点から始まっています。

　特に鍵を握るのが「８年生＝13歳」の時点であることをいろいろな角度から見てきたわけですが、一つ重要なのはこの13歳の時点で、自分の中に「確固たるモチベーションを持つ」ということです。

　つまり、「自分は熱心に勉強し、課外活動にも熱心に参加して、できるだけレベルの高い大学に入って自分の好きなテーマを自分の専門にしていきたいんだ」という決意をこの年齢でできるかが大きな分かれ目になってきます。たとえ基礎能力に傑出したものがあっても、この年齢で自分のモチベーションを高めることができなければ、それだけ遅れを取っていくことになるのです。

　ということは、ある意味ではアメリカの大学入試というのは「早熟な若者」を作り出し、それを「インテリゲンチャ予備軍」とみなして、教育を施す素材として見ているということになります。

　そして、長い伝統と多くの卒業生のサクセスストーリーの積み上げの中で、そうした学生像を固定化してきているとも言えるでしょう。

そのシステムには、もちろんですが欠陥もあります。日本で言う「沈思黙考型」とか「大器晩成型」の人材が埋もれてしまうというのもその一つでしょう。ある意味では、ムダのない、要領の良い若者がどんどん勝ち上がっていく仕組みでもあるからです。
　そうなのですが、ある種の合理性に基いてこうしたシステムが出来上がっているわけで、そのシステムにうまく乗っかっていくには、やはり「13歳」が一つのスタート地点になるのです。

CHAPTER 5

日本から
出願する際の
注意点は？

5-1 日本から出願する場合の心構え

　アメリカの大学に出願するのは、確かに大変な作業になります。そのために、昔から多くの「留学サービス」を提供する会社があり、作業の相当な部分を代行してくれるようです。

　近年は、新たな留学ブームという状況を受けて、大手の予備校や教育出版社などでも、留学申請の代行サービスをしてくれるようになりました。

　確かに、自分の英語力に自信がない場合、各大学のホームページを熟読して、その要件に合うように履歴書の内容を入力したり、内申書の補足説明をしたりするというのは大変です。ですから、代行業者などにサポートしてもらうことは、悪いことではありません。

　ですが、仮にサポートが得られたとしても、出願内容は一字一句に至るまで必ず自分自身で確認することが必要です。とにかく、出願内容に関して最終的に責任を持つのは自分なのですから、人任せにしてはいけません。

　というのは、合格してアメリカの名門大学に入学したとしたら、科目選択から日々の生活、そして授業とそれに伴う課題提出から定期試験まで、何から何まで英語漬けの日々が待っているのです。その準備という意味でも、出願内容に関しては自分で隅々まで理解し、納得してから「提出」のクリックを押すようにしてください。

　なお、アメリカの大学に学部の1年生から入学する際の出願方法に関しては、ここまで述べてきたような「全人格を評価する」という選考が行われます。この点に関しては、日本でも比較的ポピュラーであるアメリカの大学院への進学の場合とは決定的に異なるということを指摘しておきたいと思います。

　大学院進学の場合は、GMATやGREという基礎能力テストと、TOEFLの英語スコアを一定レベルまで上げておけば、後は大学や社会

人としての実績から専門性が判断されることになります。その場合に、理工系やビジネスの場合は、日本の比較的知名度の高い大学の学科を優秀な成績で卒業していたり、日本の企業での実務経験があれば、かなり評価されるわけです。

ですが、学部段階での応募の場合は、文字通り成績と人格を強くアピールして、倍率10倍以上という国内選考と同じ枠を競うことになるのです。特に保護者や担任の先生方にお願いしたいのですが、学部段階での名門大学進学というのは、こうした点で大学院留学とは全く違うということをまず、理解していただきたいと思います。

5-2 伝わらないと思ったら、自分で補足資料を用意する

出願内容に関しては、これはアメリカ人の高校生に対する「合格基準」で述べたのと同じように、「聞かれたことに答える」だけでは足りないということを肝に銘じてください。

大きな考え方としては、次の三つに注意することが大切です。

1. 事実を正直に書くこと。情報の相互に矛盾があってはならない。
2. 聞かれたことに答えるだけでなく、自分の知的能力と、意欲的な志望動機、そして入学後の方向性を強く訴えること。
3. できるだけ、実際の自分の経験に基づいて「気づき」や「信念」を述べること。

さらに言えば、履歴書にしても内申書にしても、「これでは相手に何をやっているのかわからないかもしれない」と思ったら、「わかるような資料」を付けるということをしていいのです。

日本の入試の感覚からすれば、仮に書類選考の場合でも「決められた内容を形式的に満たす」もの以外に勝手に資料を追加したり、図版を送

図 5-1　出願にあたって大切なこと

1. 事実を正直に書く
2. 自分の知的能力や志望動機をアピールする
3. 経験に基づく「気づき」や「信念」を述べる
4. 相手の理解を助ける資料を付ける

付したりすることは「全く評価されない」ばかりか「減点」になるかもしれません。

　ですが、アメリカの大学の「合否選考」というのは、そうした「減点法」ではありません。できるだけ優秀な、そして多様な学生が欲しい、そのためには、あらゆる手段を講じて世界中から学生を集めたいというのがAO（入試準備室）の基本姿勢です。

　ですから受験生の方も「とにかく自分はこの大学に入りたいし、入るだけの実力がある」ということをアピールする、その場合に募集要項で決められた資料だけでは意味がわからない部分に関しては、何かを追加して「AOに理解してもらい、正当な評価を得るようにする」ということは、少々のことならやっていいのです。

　例えば、履歴書の中に「運動会で応援団長をした」ということを書いたとします。その場合に「運動会」とか「応援団長」という単語の英訳

をして、事務的に履歴書に書いてもダメです。

　運動会というのは、陸上とか球技ではなく、日本の教育界にある伝統に従った特殊な競技や、開会式、閉会式などのセレモニーも含めて様式化されているということを、まず説明すべきです。その上で、例えばリレーや、綱引きなどチームの団結を重視したものだということ、あるいは紅白に分かれて真剣に勝敗を競うとか、小学校からあるが高校の場合は少々荒々しさを伴う競技もあり、行事として学校中が熱狂するものだ、といった「解説」を付けるべきです。

　そうでないと、その履歴書の情報に関して「どのような性格で、どのような重要度のある経験」なのかは伝わりません。「応援団」も同様で、アメリカのAOのスペシャリストが見て「米国で言うチアリーダーのようなことを、男子がやっているのだろうか？」というような誤解を避ける意味でも、どんな活動をするものなのかを説明すべきです。

　そうした場合に、例えば学校新聞の記事であるとか、運動会のパンフレット、写真といったものがあった方がわかりやすいのであれば、添付の方法を問い合わせるなどして送ったほうが良いと思います。

　例えば、日本の高校では、中には修学旅行は途中で団体行動を外れて小規模なグループで行動してもいいという学校があるようです。そうしたグループ活動でリーダーの経験があれば、それを履歴書には書くべきですが、その際にもそのリーダーとして「具体的にどのような活動をしたのか」がわかるように、場合によっては資料を添付することが必要です。

　さらに、スポーツ活動や、コンテスト等での入賞などの履歴も同様です。アメリカの場合は、簡単に「ペンシルベニア州の州大会で800メートル走27位、タイムは○分○秒」と書けば、内容はピタッと伝わります。AOにしても念のため事実確認をしようと思えば、簡単にネットで確認ができると思います。

　ですが、日本の例えば「野球部レギュラー捕手として全国軟式野球大

会ベスト8」などというのは、その事実だけを英訳しても不十分です。まず、軟式野球というのが何なのかを説明して、全国大会がどのくらいのレベルなのか、全国の何校が参加しているのかを書かなくては、その経験の評価はしてもらえないことになります。

　いずれにしても、願書というのは「お役所への提出書類」というイメージではなく、例えば「芸能人としてデビューしたい少女が必死になってスカウトに対して自分を売り込む際の送付資料」というイメージで、考えてみて欲しいと思うのです。まず、相手によくわかること、そして自分自身のアピールとして説得力を持つことをとにかく心がけるべきです。

5-3 堂々と「日本人」を主張して出願すればいい

　アメリカの大学はそれぞれに世界を代表する教育機関だという自負を持っています。ですが、そうではあっても、アメリカの大学はアメリカの大学です。国内の学生への期待と、海外からの留学生への期待というのは違いがあります。

　もちろん、国内の学生と留学生に教育内容や待遇の面で相違があるわけではありません。そうした国籍や人種による公平性という点では、アメリカの大学は極めて厳格だからです。

　ここで言う「留学生への期待」というのは、従って具体的なものというよりも精神的なものです。それは、留学生にはその大学に「多様性」を持ち込んで欲しいという期待です。国内の学生だけではなく、各国からの留学生を熱心に受け入れるという背景には、この思想があるわけです。

　さらに言えば、アメリカという国が、そしてアメリカの大学が「異文化」を欲し、「多様性」を追求しているのはタテマエでやっているのではないのです。激しく変化するグローバル社会の中で、常に教育機関と

して、また研究機関として競争力を維持していくには、そのように少しでも異なる発想を持ち込んで組織の活力を維持していかなくてはダメだという危機感があるのです。

　つまり、アメリカの大学が多様性を求めているのはホンネの部分からの切実な問題だとも言えます。

　ということは、日本から留学する学生は、アメリカ的なものとは「異なる何か」を持ち込んでいいのであるし、むしろそれを期待されているということに他なりません。その期待に応えるのは大切なことです。

　具体的にはどうすればいいのでしょうか？

　まず、アメリカにはない異文化や、アメリカとは異なる価値観を持ち込むことを恐れる必要はありません。

　つまり、日本からの留学生は堂々と胸を張って「日本から来ました」と宣言し、「日本ではこうです」「日本人の私の視点からはこう考えられます」という基本的なスタンスでコミュニケーションをしていけばいいのです。

　入学以前の出願の段階でも同じです。エッセイなどでは堂々と「日本人」だということ、「日本の価値観ではこうだ」ということをアピールしていっていいし、そのアピールに光るものがあれば、高い評価が与えられるだろうと思います。

　では、日本からアメリカの大学へ出願する際には、「ニッポン、ニッポン」と思い切り自国のアピールをすればいいのかというと、そこにはいくつか留意点があります。

5-4 日本人として学ぶ上での三つの留意点

　一つ目は、何もムリをして「国家を背負う」必要はないということです。

言い換えれば、アメリカの大学は確かに海外の多様な人材を欲しがってはいますが、それ以前の問題として「優秀な個人」を求めているからです。大変に誠実だし情熱も感じられるが、教育を受けた結果を活かして貢献する対象が「自国だけ」というような狭さはあまり評価されないだろうと思います。

　さらに言えば、国内の学生であろうが留学生であろうが「批判的思考力（Critical Thinking クリティカル・シンキング）」という姿勢が尊重されるアメリカでは、「ニッポン、ニッポン」と叫ぶだけで「個人」が埋没している、あるいは国家と個人の視点が切り分けられていないようだと、知的レベルとしては「二流」であると思われる危険があります。

　二つ目には、そうは言ってもアメリカの大学が持っている基本的な価値観は尊重する方がいいと思います。

　例えば、留学生を受け入れることで「多様性を追求する」という価値観そのものを否定するような立場は、一般論としてそのような意見を持っているということになると、大学側の「敬遠」を招く可能性があります。多文化社会を目指している大学コミュニティに適応できないのではと思われるからです。

　三つ目としては、日本のことは相当に努力をして知識を増やしておいた方が良いと思います。

　大学への出願ということでは、例えば「日本史」とか「国語」についてキチンと勉強したとしっかりアピールするべきですし、そのためにも本気で勉強しておくべきだと思います。

　それは、アメリカの大学には「理系と文系」の明確な区分けがなく、どんな学生でも歴史、文学、芸術、社会科学を含めた「リベラルアーツ」を学んで欲しいという考え方があるからで、日本から来た学生をわざわざ入学させるということは、そうした「リベラルアーツ」の世界に「異文化」を持ち込んで欲しいからだということがあります。

図 5-2 どの程度「日本人」を貫くべきか

多様性を求める大学側はむしろ「異文化」を持ち込んで欲しい

↓

しかし、留意点がある

- ムリをして国を背負う必要はない
- 大学の基本的な価値観は尊重するべき
- 日本史や国語など日本に関する知識を増やしておくべき

具体的には、次のようなことがあります。

アメリカに留学すると、自分の専門分野とは別に「日本学」の教員や大学院生と会って話をするという機会が必ずあります。その際に気をつけておかねばならないのは、日本から来た留学生なのに日本のことを知らないと気まずくなるということです。

例えば、過去何年かの間にプリンストンの東洋学科（Asian Studies エイジアン・スタディーズ）で「日本学」を専攻していた研究者や大学院生がどんな研究対象をテーマにしていたのかと言うと、「北村透谷の自殺と自由民権」「聖徳太子信仰と江戸期の職人気質」「明治期の言文一致体導入による漢文ニュアンスの喪失」「神仏習合と弁財天信仰」「江戸期本草学の農政への影響」などといったトピックです。

そうした話題のトークに全く加われないということでは、寂しい話だと思います。

まして、自分は理系なので日本史や日本文学はほとんど知りませんと

いうようなことでは、せっかくの「日本通、日本びいき」のアメリカ人を失望させてしまうに違いありません。

また、昨今の情勢下では、中国や韓国出身の学生が、社会科学系のディスカッション形式の授業などで歴史認識問題をめぐる「論戦」を仕掛けてくるかもしれません。

その際に「事実関係をより正確に」抑えた上で「クールに」相手との意見交換ができれば、その授業に関する評点も上がるでしょう。ですが、事実関係を正確に提示できない一方で感情的な対応をするとか、語学力への自信のなさなどから黙り込んでしまうようでは、周囲からの評価だけでなく、自分自身の留学経験自体が満足のいくものではなくなる可能性があると思われます。

いずれにしても、個人として充実した学生生活を送りつつ、状況に応じて日本から来た人間として求められる情報提供や役割を果たしていくのは、国際人となるためには必要な経験、いや必要な訓練だということは間違いありません。留学生活においては、避けて通れない要素とも言えると思います。

こうした問題に加えて、改めて「合格のしやすさ」という観点から考えると、２国だけではなく、３カ国以上に関心を持った「マルチ多国籍人材」のような人間になれば、ますます有利になるということがあります。

つまり、アメリカの大学として日本からの留学生を受け入れてもアメリカと日本の２国間の文化の「出会い」しか起きないのですが、仮に「日本人だが韓国にも詳しい」とか「日本人だが北京語も流暢だ」あるいは「スイスに人脈がある」とか「南アメリカの文化を専攻しようと思っている」などという「三つ以上の文化の接点」になる可能性を持った人材は大いに歓迎されるでしょう。

5-5 アメリカの名門大学が知られていないという問題

IVY LEAGUE

　日本からアメリカに留学する上で大きな障害になるのは、アメリカの大学のレベルや知名度に関して日本では十分に知られていないという問題です。

　この点に関しては、笑えない話がたくさんあります。

　東京大学とプリンストンの両方に受かった帰国子女の高校生が、プリンストンに進学しようとしたら親戚から反対されたとか、スタンフォードのことを「アイビーリーグではない」ことがわかった途端に「大した大学ではない」と思われたとか、アイビー8校にスタンフォード、MITを加えた10校でなければ一流ではないと思われたり、とにかくアメリカの大学の社会的位置づけに関して、十分な認識がされていないのです。

　アイビーの中でもハーバードだけが「東大と並ぶ頂点」だと思われていて、プリンストンはグッとイメージが下がって「女優のブルック・シールズの行っていた学校」だとか、コロンビアは野村沙知代さんが留学（？）していた大学などと、全く断片的なイメージしか浸透していないということもあります。

　あとはイェールが「エリートの秘密結社があるらしい」ということで多少知名度がある一方で、ブラウン、Uペン、コーネルに関しては、アイビーであることは浸透していないですし、そもそもダートマス・カレッジなどは日本ではほとんど知られていないわけです。

　アイビーにスタンフォード、MITを加えた10校以外となると、知名度はさらに落ちます。UCLAなどは校章をデザインしたTシャツなどが日本で知られていますが、実際は非常にレベルの高い大学であるにもかかわらず、庶民的な大規模校のイメージで受け止められているのではないでしょうか。

　もちろん、日本でも大学の教員などの研究者、先端技術の分野で世界的に活動している企業の社員などは、アメリカの大学名には親近感や知

識を持っていると思います。ですが、それ以外の一般的な日本社会では、情報の浸透が極めて薄いのです。

　その背景には、とにかく長い間、日本では勉強熱心な高校生は「東大・京大を頂点とする日本の大学」に進学するのが当たり前と思われていて、学部段階での留学が極めて少なく、特に名門大学に関しては少なかった、そうした長い時間の結果という問題があるわけです。

　とにかく、社会の中で、あるいは身の回りで、アメリカの名門大学出身者を見聞きしたことがないというのが現状だからです。前述した「東大を辞退してプリンストンに行こうとしたら、親戚に反対された」というような問題が起きるのには、こうした構造があるわけです。

　ですが、最近の時代の変化を考えると、この問題は年を追うごとに改善してきているとも言えます。ということは、例えば「アイビーは本当に東大や京大より役に立つのか」という疑問を周囲から投げかけられる状況はそんなに長く続かないかもしれません。

　であるならば、逆に今のうちにどんどん志願して海を渡るべきです。日本中でアイビー留学ブームが起きるようになれば、入学はもっと難しくなるからです。

5-6 日本からの出願は熱く求められている

　現時点ではアメリカの各大学では、特に学部のレベルでは「日本人学生が極端に少ない」状況がまだ続いています。

　アメリカの各大学はこうした現状に気づいているようです。例えばハーバード大学は2012年に、入学審査担当のスタッフを日本に派遣して、日本からの留学を呼びかけるようなPR活動を行っています。

　これは、当時のジョン・ルース駐日大使が日本からアメリカへの留学を拡大するように熱心に動いていたこと、また日本の文部科学省も同様

の動きをしていたことに加えて、この時期からハーバードなどの名門大学が「国際奨学金制度」ということで、海外からの留学生に対する奨学金を充実させつつあり、その制度を「活用してください」というキャンペーンでもあったわけです。

実際は、このキャンペーンを受けて日本からの合格者が増加したわけではなく、ハーバードは依然として狭き門ではあるのですが、現時点での状況を語るエピソードではあると思います。

ハーバードだけでなく、アメリカの大学は全般的に同様の認識を持っていると考えられます。基本的に日本からの留学生は「日米の緊密な関係、日本の人口や経済力、教育水準や学界・ビジネス界の水準」と比較するならば、「極端に少ない」という認識があると思われます。

このことは、ハーバードの例がそうであるように、「だから日本人は入りやすい」という話には、すぐには結びつきません。

しかし、ではアメリカの大学は点数で厳格に合否を決めているのかというと、そうではないわけです。総合的な判定を行う中で、人種や国籍に関しては相当に留意した選考を行っていると考えられます。

その中での日本人の位置づけは「東アジア」のカテゴリに入り、その「東アジア」出身の学生というのは学力レベルの高い人間が全米の各キャンパスにあふれていることから「特に優遇はしない」というのが現状となっています。

日本人も、従ってマイノリティの優遇措置は受けられない、原則としてはそうだと思います。ただし、その「東アジア」というカテゴリの中で詳細に見てもらえば「日本人」だということ、そして「これまでの学部レベルでの日本人学生の極端な少なさ」ということを考慮してもらえるかもしれない、それもまた否定はできません。

これは全くの推測ですが、現時点ではアイビーをはじめとする多くのアメリカの大学では、AOが日本人留学生候補の願書を受け取ったとしたら、まず「日本からの留学生」だという観点で注目し、その次に「希

> **図 5-3 日本人は今どうやって選考されるか**
>
> **日本人の学部学生が極端に少ない**
>
> ↓
>
> 総合的な判定の中で、人種や国籍に配慮した
> 選考を行っていると考えられる
>
> - 「東アジア」出身者は多く、そのカテゴリだと優遇措置はない
> - 「日本人」と見てもらえる場合は「マイノリティの優遇措置」があるかもしれない

少価値の日本人だが、果たして大学としての合格基準に達しているか」を慎重に審査するという順番になるのではないかと思われます。

ですが、仮に現在の留学ブームがさらに盛り上がっていく中で、日本からの願書が増えていったとしたら、おそらく選考のプロセスは異なってくるだろうと思います。

つまり、日本人だという希少価値ゆえに願書に注目してくれるのではなく、「東アジア」出身者という大きなグループの中で、あるいはアメリカ国内からのものを加えた世界中からの願書の中で比較され、審査されるということになっていくと思います。

5-7 内申書は単なる英訳では不十分

内申書はどのように提出したらいいのでしょう？

もしかしたら、高校によっては内申書は「密封したもの」しか渡さないという場合があるかもしれません。また、大学によっては、海外からの留学生選考の場合にも、「内申書は記入した教師から直送したものしか受け付けない」としている場合があります。

ですが、そもそも内申書というのは「どの科目を取ったか、それぞれの科目の成績はどうだったか」を一覧にしたものですから、別に本人には秘密ではないはずです。

ということは、仮に「密封したものしか渡さない」とか、「密封していないと受け付けない」という条件があっても、受験生本人はその内容を知っていることになります。

そのことを前提に以下のことに注意すべきだと思います。まず、基本中の基本ですが、

1 科目と成績の一覧が全体的にわかりやすい英語で書いてあること。
2 成績の考え方、例えば「10点満点で1点刻み、4点以下は不合格」とか、「ABC方式でAが最高、Dは合格だがFは不合格」といった基礎ルールが表現されていること。
3 何年生の何学期にどの科目を取り、その成績がどうであったかが、わかりやすく書いてあること。また、学期が年にいくつあり、何月に始まって何月に終わるのかといった基本的なルールも説明がされていること。

といったことが重要です。さらに、追加の情報として、

4 その科目の履修範囲は何か。つまり数Ⅲであれば、極限、微分法、積分法、複素平面といった「中身」の説明も付けること。
5 科目名も、例えば現代国語なら"Modern Japanese"という直訳風の英語ではなく、"Critical Reading of Modern Japanese Literatures"というように、「何をやったかわかるような表現」が望ましい。漢文

とか、倫理といった科目の場合は、余計にわかりにくいので、科目の中身をよりわかりやすく説明すること。

などの工夫も必要になってきます。

そうした情報のすべてが、「高校の先生が密封した内申書」の中でわかりやすい英語で表現されているのであれば、何も心配はありません。ですが、現在の日本の教育現場の状況では、そこまでの対応をする余裕は先生方には望めないかもしれません。

であるとしたら、何もしなければ英語圏のAOのスペシャリストにとって「よくわからない」従って「判定が難しい」内申書になってしまいます。

こうした問題を避けるために、仮に高校が発行する内申書が「事務的」なものになりそうであれば、出願者は自分で「追加のレター」として、上記の五つの要素、とりわけ2から5の部分に関して、英語で補足説明をするべきだと思います。

アメリカの高校生に適用される「合格基準」の際にも触れましたが、アメリカの大学のAOは、内申書を大変に重視します。それは海外からの留学生の場合も同じであると考えられます。

ですが、この「内申書の評価」というのは、5点満点で5点なら良いというような機械的なものではありません。前章までに書きましたが、どんな科目でどんな成績なのかを厳しく審査した上で評価がされるのです。

そうであるならば、同じような成績であっても、「内容がよくわかる内申書」と「意味のよくわからない内申書」を出したならば、前者の方がずっと高い評価が与えられるに違いありません。この点は合否に大きく影響すると考えるべきだと思います。

5-8 日本人が統一テストで高得点を取るには？

　日本からアメリカの大学に出願する場合に、やはり一番神経を使うのは統一テストの問題だと思われます。

　ほぼ必須となっている TOEFL で所定の点数を取ることも大事ですし、SAT については現在は多くの大学で「留学生枠」への出願にあたっては免除されてはいますが、一部の SAT を必須としている大学へ出願するのであれば、避けては通れません。

　こうした統一テストへの「対策」を詳細に述べるのは本書の趣旨ではありませんが、ここでは英語学習の本道とは何かという点で二つの提言をしておきたいと思います。

　1番目は、英語教育に必要な「生きた英語」に触れる機会をもっと充実しなくてはならないということです。例えば TOEFL の場合、日本人の学生が苦手とする「聞き取り」の能力を強化するためには、とにかく英語に親しんで英語の音声を理解できるようになり、英語を英語としてダイレクトに理解できるようになることが求められます。

　そのために必要なのは、予備校などで TOEFL 対策の授業を受けることではありません。また専用の録音音声や、コンピュータソフト教材に時間をかけるということでもないと思います。

　「生きた教材」というのは、例えば英語圏で人気を博している TV ドラマや、英語の映画、そして現在進行形の事件を扱った TV ニュース、あるいは自然科学系のドキュメンタリーなど、幅広い英語コンテンツに触れるということです。

　例えば、アメリカを代表するニュース専門局の CNN、あるいはアメリカのカルチャーを代表する3大ネットワークなどには良い番組がたくさんあります。その一部は、ネットの動画閲覧サイトで見ることができますし、番組のホームページなどで見ることもできます。機会は探せば

> **図 5-4　英語学習の王道とは？**
>
> 「生きた英語」に触れる機会を増やす
> - TVドラマ、映画、TVニュース、ドキュメンタリーなど
> - 英語字幕をオン・オフして学習に役立てる
>
> 「英語での読書」に慣れていく
> - いちいち日本語訳・文法解析をしない
> - 速読・多読の訓練をスタートする
> - SAT2受験のために数学や理科を英語で学ぶ

いくらでもあるのです。

　また映画に関しては、吹き替え版などはもってのほかであり、基本的に「原語、字幕なし」で見られるようでなければ教材として意味を成しません。DVDやブルーレイ、あるいはストリーミングなどでは、字幕のオン・オフ機能、あるいは英語字幕の表示が可能ですが、できるだけ「字幕なし」でチャレンジしてみて、興味が持てるようであれば、「英語字幕」をオン・オフしていくという学習方法が近道です。

　そうしたコンテンツを楽しむ中でこそ、本来の「聞き取り能力」が伸びていくのです。

　一方で、TOEFLの読解部分もそうですが、特にSATの「リーディング」で高得点を上げるためには、「英語での読書」が欠かせません。

　もちろん、いちいち日本語訳をしたり、文法解析をするような「無意味な精読」ではダメです。それでは「暗号解読」の能力が刺激されるだ

けで、英語で英語の内容を理解するような読書の力はつきません。

　SATに関して言えば、その上に「知的語彙の習得」というアメリカ人の高校生にも厄介な問題があるわけですが、その前にとにかく「英語での読書」しかも「速読・多読」という訓練を高校生までに少しでもスタートさせておくことが必要です。

　最後にSAT2やIBに関してですが、こちらは主として理科系科目の「学力の客観的な証明」のためには必要だと思います。IBは日本語での受験という方向で整備が進んでいますが、留学の準備という意味では、英語で受けて良い点数を出すことが望まれます。SAT2の場合はあくまで英語で受けることになります。

　SAT2の数学や理科3教科で点数を出すのは、内容的にはそれほど難しくありませんが、最初は英語でかなり苦労するでしょう。ですが、反対に、このレベルの英語で苦しんでいては、アイビーなどの最先端の授業についていくのは難しいわけです。

　ですから、SAT2の受験を前提として、数学や理科を「英語で学ぶ」ということを相当に早い時期からスタートすることを薦めます。これは、文字通りの受験勉強になりますが、キチンとやっておけば、留学後に必ず役に立つのは間違いありません。

5-9 アメリカで通用する推薦状をもらうには？

　アメリカの大学入試において、推薦状というのはかなり重要な比重を占めています。個人のキャラクター評価の材料としてだけでなく、事実関係の情報について「本人以外の視点」を入れるという意味合いもあるわけで、原則として2通、場合によっては3通を用意することが求められます。

　こうした推薦状の制度は日本にもありますが、日米では考え方の違いがあるということには注意が必要です。

日本の推薦状というのは、例えば「学校長名で優秀な学生だと保証する」という内容を受け取る方の大学側が要求するとか、大学院や教員採用のレベルになると指導教官に推薦状を頼んでも「文案を自分で書いて持ってきたらサインだけしてやる」という対応になったり、とにかく形式主義が主流です。

　その結果、文面には「ひな形」があって、無難な内容が書いてあれば「特に問題のない学生」だというメッセージが相手に伝わる、それ以上でも以下でもない、日本の推薦状というのはそのような「もの」だと思います。

　また教師と生徒の間には強い上下関係があるので、「推薦状が頼みにくい」とか「先生は忙しいので形式的な内容しか書けない」などということもあるようです。

　ところが、アメリカの推薦状制度というのは全く違います。

　高校でも大学でもまともな教育者であれば、推薦状を頼まれれば相手のことをしっかり知るために面談をして、その上で自分としてその学生を教えてきた事実に基いて丁寧にファクトを埋め込んで書くことになっています。

　読む方も、複数のAOのスタッフが目を通して内容を確認します。また、おそらくは過去の推薦状をデータベース化していて、推薦状の内容の強度と、合格した学生の学力の追跡調査などを照合して「推薦者の信頼度」に関するデータを持っている可能性も、大学によってはあると思われます。

　そうしたアメリカの大学に「極めて形式的で、具体的なファクトの入っていない推薦状」を送るというのは、大変に危険です。もちろん、そこには英語の問題もあるわけですが、それ以前の問題として「個別に丁寧に書かれた、しかも具体的なファクトの入った推薦状」を書いてくれる先生を探して丁寧にお願いするということが大切になります。

　ちなみに、少しでも合格の確率を上げようとして、推薦者に欲張った

ことを書いてもらうのは危険な行為です。エッセイに書いた、あるいは履歴書で申告した過去の経験と「整合性のある」内容で、しかも「高い評価」を書いてくれそうな先生にお願いするということが基本です。

5-10 エッセイでやってはいけないこと

アメリカの大学入試において、エッセイというのは非常に大きな比重を占めています。特に近年は、全国統一の「コモンアップ」に加えて、各大学独自の「サプリメント Supplement」という「追加のエッセイ課題」に取り組まなくてはなりません。

このエッセイですが、何度も記述したように家で書いていいし、誰かに見てもらってもいいということになっています。

では、日本から出願する場合には一体どんなことに留意したらいいのでしょうか？

まず気をつけたいのは、文章全体について「何かひな形を参考に書く」のは避けるということです。

例えば、本書よりももっと具体的な「アメリカの入試対策本」がどんどん発刊され、そこにはコモンアップのエッセイ問題に関する「解答例」が掲載されていたとします。その「解答例」を参考にして、事実関係だけを自分のケースに置き換えて書くなどという行為はやめたほうがいいと思います。

コモンアップのエッセイのテーマにしても、各大学の出題に関しても年によって変わることがありますが、出題から最終締め切りまでに数カ月の期間があるわけです。日本流の「受験対策」カルチャーに照らして見ると、その間に「模範解答」が出回るようなこともありそうですが、やめるべきだと思います。

似たような例として、他の受験生とエッセイを見せ合って、似たような言い回しのものができていくというのもダメです。というのは、各大

学は「類似のエッセイを探す」ソフトウェアを持っていて、相互にチェックをかけていると見た方が良いからです。

同様の理由で、ネット上に存在する文章表現からコピー＆ペーストするような行為なども露見する可能性が非常に高くなっています。

では、逆に「日本からの出願」だからということで、拙い英語で書かれたものを出してもいいかというと、これも「ノー」であると考えるべきです。

アメリカの教育界では、海外からの留学生が宿題のレポートや、大学院の論文などを仕上げるにあたって「英語のクオリティに自信がない」場合は、他人に見てもらってもいいという暗黙のルールがあります。

その背景には、内容がオリジナルであればよくて、英語表現に関しては「適切な外部の手段を使う」ことは、そのオリジナルな内容を「よりわかりやすく表現するための正当な手段」だという考え方があるのです。

従って、エッセイはネイティブのチェックを受けて「こなれた英語」として出すのが望ましいということになります。内容面で何かを参考に書くのはダメですが、英語の表現を人に見てもらうことは躊躇する必要はありません。

5-11 エッセイの内容・書き方は「日本式」ではダメ

エッセイの内容については、留意すべき点が3点あります。

まず、聞かれた内容についてキチンと答えるということです。

例えば、「あなたは本学の誇る多様性カルチャーについて、どのような貢献ができるか？」などという質問に対しては、あくまでその質問に対する答えをしっかり書くことが大切であり、例えば「日本は多様性を許さない社会だ」などという愚痴っぽい自己主張に字数を費やすことは

図 5-5 エッセイでやってはいけないこと

- 聞かれた質問にちゃんと答えていない
- 聞かれた質問に答えただけ（アピール不足）
- 具体性を欠いた抽象論だけで地に足のついていない内容
- 日本式の「起承転結」で組み立てた議論

賢明ではありません。

その一方で、では「聞かれたことに答えればそれでいいのか」というと、これも違います。与えられた質問に対して適切に回答する中で、そこに「自分が批判的思考力を持った人間であり、同時に組織や周囲にプラスの貢献ができる人間だ」ということを、しっかりアピールする必要があります。

これは、アメリカの高校生でもよく勘違いすることが多いのですが、忙しい中で入試のエッセイを書いているうちに「とにかく問題に答えればいい」という風に一つ一つのエッセイを「流して」しまうということがよくあるのです。これはいけません。

とにかく、エッセイというのは「貪欲な自己主張の場」であり「自分の知的能力をアピールする場」です。音楽や演劇のオーディションと同じように自分の才能を見せる貴重なチャンスであることを忘れてはなりません。

最後に、注意したいのは「抽象論だけで地に足のついていない内容」では高評価は得られないということです。
　自分をアピールする中で、具体的なファクト、特にユニークな経験や、ユニークな人との出会い、問題を解決した経験、解決できなかった経験から学んだことなどを具体的に書くことが求められるのです。

　書き方についてですが、これは英文のエッセイの流儀に従うのが良いと思います。つまり、最初に「イントロ Introduction」として全体の内容を短く紹介し、自分の立場を表明するのです。そして「ボディー Body」という本論の部分では根拠を明示した論点の整理を行い、最後には「コンクルージョン Conclusion」として結論を明示します。
　ここで注意しなくてはならないのは、日本式の「起承転結」というスタイルはダメだということです。
　というのは、ボディーの最後の部分で話題を変えたり、コンクルージョンの中にボディーで扱っていない内容を盛り込んだりというのは、重大なルール違反であると同時に、アメリカ人の評価者としては「何を言っているのかわからない」ということになるからです。
　この点に関しては、全国紙の各社が新聞の1面コラム、例えば『天声人語』とか『編集手帳』などを英訳したものを高校生に読ませて英語の学習をさせるということを熱心にやっていますが、百害あって一利なしであると思います。こうした「日本風の英語」をマネしてはいけません。英語には英語の話法とリズムがあるのです。

5-12　日本での課外活動をどうアピール材料にするか

　本書で繰り返し強調したように、スポーツや芸術活動、ボランティアなどの課外活動は重要です。
　ですが、日本の高校の場合は最高学年になると部活を引退するとか、

生徒会活動が形骸化しているなどいろいろな問題があり、必ずしもアメリカの大学に対してアピールできるような活動の機会が得られないかもしれません。

その場合は、例えば純粋に学校外の組織に属して活動するということも考慮すべきだと思います。例えば、市民オーケストラであるとか、市民合唱団などは社会人が主体かもしれませんが、入れてもらえるのなら高校生として加入して活動すれば、それはそれで立派な経験になると思います。

また、ボランティアに関して言えば、日本の場合は高齢化社会に突入する中で老人福祉施設などで活動する機会は、学校からだけでなく、個人から志願しても受け入れてもらえる可能性はあるように思われます。

とにかく、いろいろな経験をしていろいろな人に出会い、経験や出会いから意識的に学ぶこと、そして場合によっては推薦状を書いてもらえるような評価を勝ち取るまで頑張って取り組むことが重要です。

なかには、個人レベルでの学校外のそうした活動を校則で禁止している学校もあるようです。

実際にそのために、アメリカの大学への出願で苦労したという声も耳にしたことがあります。そうした場合は、高校の校長先生とよく話し合って、キチンとそうした活動を認めてもらうことが重要だと思います。

5-13 大切なのは「整合性」と英語の読みやすさ

最後に改めて、日本から出願する場合の留意点を整理しておくことにしましょう。

これは留学生だけでなく、アメリカ国内からの学生の場合も同様ですが、願書を構成する様々な要素について「整合性」があるということはとても大切です。

つまり、履歴書から浮かび上がる人物像、内申書が語る情報、推薦状に出てきた内容、そして自分で書いたエッセイが「全くバラバラ」ではダメだということです。全体がある統一したイメージを結ぶようになっていて、それが本人の志望する専攻内容に重なってくるというのが望ましいのです。
　もう一つは「英語の読みやすさ」です。
　願書全体において、英語表現が「こなれて」いてAOのスタッフにとって読みやすいということは合否に直結する問題だと思います。単に英語だけでなく、内容に関しても、例えば内申書において、エッセイにおいて、推薦状において、アメリカとは違う日本ならではのカルチャーが反映している内容に触れる場合は、そのカルチャーが「こうなっている」ということを、丁寧に英語で説明することが大切です。
　また、「謙虚な姿勢」を見せれば好印象になるということは、アメリカの場合は基本的にはありません。自分の長所や今後の潜在能力、ヤル気などを堂々とアピールする姿勢が、自然に評価されると考えるべきです。
　せっかく良い願書を作ったのに、意味もなく最後に「自信のなさそうな低姿勢」を出してみるなどというのは、極めて日本的であり、逆効果になるということにも注意すべきだと思います。
　とにかく、聞かれたことには答えているが、英語が稚拙であるばかりか、アメリカとはカルチャーが違いすぎて「何のために何をしたのか」がよくわからないというような内容の願書であっては、合格を出してもらうのは難しいということになるでしょう。

おわりに
── アイビーリーグに入学したら

　これは本書の趣旨をやや越えた話になりますが、日本から出願して、見事にアメリカの名門大学に入学できたとしたら、留学生の皆さんには三つの点に留意して欲しいと思うのです。

　一つは、とにかく努力して好成績を目指すということです。
　アメリカの大学では、授業も試験も真剣勝負です。その結果がABC評価の成績として示され、その平均点であるGPAについては、4点満点で小数以下2ケタまで計算されます。専攻を変更しない限りは一生ついて回り、就職や院への進学の際にはモノを言う数字です。
　それ以前の問題として、奨学金をもらっている場合や、公立大学の「優等生専用のオナーズ・カレッジ」に入っている場合は、「オールB以上」つまりGPAで3.0というラインは絶対に死守しなくてはなりません。
　なかには、期末テストが終わって教官らが申告した成績入力が完了して、ある学生がその時点でGPAが3.0を切ったとすると、その瞬間に「寮の電子カード式の鍵が開かなくなる」などという過酷な仕打ちをする大学もあります。
　鍵が開かなくなるというのは無茶な話でアメリカでも批判がありますが、それはともかく、好成績を挙げるというのは非常に大切です。
　多くの場合、特に名門大学の場合は、良い成績を挙げるということは、それだけ最先端の知識を獲得することに直結します。是非、そのために頑張ってほしいと思います。
　ちなみに、日本人の若者で音楽やアートなどで国際的な評価を獲得し

た人に対して、アメリカの名門大学が「一芸に秀でた」として入学のオファーを出すことが何件かありました。ですが、報道等によれば結果的に仕事と勉強の両立ができずに休学に至っているケースが多いようです。

個々のケースに関しては仕方がない面もありますが、日本人のアーティストは一芸で引っ張っても「ついてこない」というような理解が統計的に確立してしまうと、限られた名門大学の入学枠がどこか他に行ってしまうこともあると思います。

入る以上は、アメリカの大学がどんなシステムなのかを、しっかり理解して入学して欲しいと思います。

同時に、アメリカでは「表裏8年が限度」などということはなく、取得した単位は一生有効ですから、仮に途中で挫折するようなことがあっても、仕事に区切りのつくような人生の時期が来たら復学して学位を取ることを強く薦めたいと思います。

2点目は、とにかく「英語漬け」になることです。

アメリカの大学には日本人の学部学生は少ないとはいえ、大学院には相当数の日本人留学生が来ていると思います。また東洋学科には日本語や日本学の教室があって、必ず日本人の教員がいるでしょう。

都会から隔絶された大学町であれば別ですが、都市型の大学であれば日本人のコミュニティも必ず近くにあると思います。

さらに言えば、現在はスマホやPCを通じて、アメリカにいても日本の情報はリアルタイムで入ってきますし、SNSによる日本語でのコミュニケーションも全く問題なく可能になっています。

できれば、そうした「日本」「日本人」「日本語」とは一線を画して、徹底的に「英語漬け」になることが望ましいと思います。これは大変に厳しいことですが、そのような心構えで行くのと、半端な構えで行くのとでは成果に大きな差が出るのは明らかです。

そのようにしてアメリカの英語という環境に飛び込むと、最初は苦労

しますが、多くの場合は、ある時点で英語での授業が苦でなくなる瞬間、あるいは英語で会話する親友ができるなどの瞬間が訪れることになります。

その瞬間を過ぎると、学習効率は劇的に向上していくことでしょう。またそうでなくてはなりません。そのようにして、全身全霊で学ぶこと、英語で受け止め、英語で考え、英語で発信できるようになることが大切だと思います。

もちろん、日本風のアクセントは残ると思いますし、文法などが多少日本的な英語になるということはあります。ですが、そうした細かいことは気にしないで、学習も人間関係もドンドン先へ進めていって欲しいと思います。

「のめり込み」と「幻滅」の先にある異文化理解

3点目は、その後にやってくる「本当の異文化理解」という問題です。

英語が苦でなくなるようになれば、留学生活は快適なものになっていきます。そうすると、アメリカでの生活の何もかもが良く思えてくる、そんな時期がやってきます。異文化への「のめり込み期」とでも言う現象です。

そんな状態の時に、日本に一時帰国したり、日本のTVに接したりすると、日本が悪く見えるという現象があります。日本の満員電車ではみんな不幸そうな顔をしているとか、日本のTVはバラエティばかりで幼稚だとか、そういう種類の印象論です。

別にこれは不自然ではありません。異文化への「のめり込み」という現象が起きているだけです。

ところが往々にして、転機がやってきます。

ほんの些細なことから「異文化がイヤになる」つまり、異文化への

「幻滅期」というのがやってくるのです。キッカケはいろいろあります。大学生の場合であれば、自信を持って提出した答案が評価されなかったとか、議論で言いたいことが言えずに言い負かされたというような事件が契機になることが多いようです。

　企業派遣の人やその家族の場合だと、レストランで無視されて注文を取りに来なかったとか、自動車が接触した際に"I'm sorry."と言ってしまったために自分の責任にされたなどといった些細な経験から「アメリカが嫌いになる」ということが起きるのです。

　そうした心理状態の際に日本に帰国すると、コンビニの「おにぎり」に感動したり、温泉に行ってリラックスしているうちに「もうアメリカに戻りたくない」などと思うことがよくあります。これも、全く普通のことであり、「幻滅期」特有の現象に過ぎないわけです。

　異文化体験というのは、こうした「のめり込み」と「幻滅」の激しい振幅に身を置くということに他なりません。異文化、異言語の環境に身を投ずるというのはそれほどに「激しい」体験であるからですが、極めて自然なことです。

　問題は、たまたま気分の高揚した「のめり込み期」に、その気分のままに日本に戻って「海外ではこうなっている」とか「だから日本はダメだ」というような言論を振りまく人がいることです。

　また「幻滅期」にあるだけなのに、それを自分の異文化体験だと勘違いして「日本が最高」であるとか「グローバリズム反対」などと極端な言説に走る人もいるようです。

　ですが、その両者ともに説得力のある姿勢とは言えません。言い換えれば、それは異文化体験としては著しく不完全であるからです。

　若くしてアメリカの大学に留学する皆さんには、そうした「のめり込み」も「幻滅」も思い切り経験して真剣に向き合って欲しいのです。

　なぜかと言うと、「その先にあるもの」が重要だからです。

　それは、アメリカも日本も「是々非々」で見る、つまりアメリカには

良いところも、悪いところもあるし、日本もそうだという観点です。まずは、そこに立つことで見えてくるものがあるわけで、異文化経験というのは、そのためにあるし、またその段階まで行かなくては本当の異文化経験にはならないと思います。

　アメリカの大学や大学院は、おそらくはそのようなホンモノの異文化経験を可能にしてくれる環境であると思います。それは、教える側も、教わる側も真剣勝負だという姿勢があるからです。その真剣勝負を可能にしている半分は、優秀な学生が支えているわけであり、世界中の高校生の中からそうした学生を選抜しているアメリカの入試制度というのは、やはりそのウラには積み上げられたノウハウがあるのです。

　アメリカの名門大学に留学した皆さんは、徐々に気づいていくと思いますが、名門と言われる大学には確かに能力とモチベーション、そしてコミュニケーションにも前向きな学生が集まっていると思います。

　そうした環境を支えているのは、アメリカのこの入試制度なのです。

APPENDIX

厳選30大学データ

ここでは、アイビーリーグ加盟の8校をはじめとしたアメリカの名門大学を30校厳選し、概略、ロケーション、主要な関連人物、日本との関係を記して紹介しています。また、入試の統計データやエッセイ問題の例、これまでの進路指導の経験から、各大学の「傾向と対策」もまとめました。掲載したデータは文中に断りのない限り、2014年6月末現在のものです。

[ハーバード大学]
Harvard University

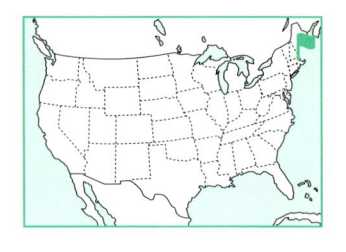

創立	1636年
住所	マサチューセッツ州ケンブリッジ Cambridge, MA 02138
URL	www.harvard.edu
マスコット	創立者「ジョン」のキャラクター。動物のマスコットはなし
スクールカラー	クリムゾン(真紅)

概略

アイビーリーグ加盟。2013年の入学者数は1659人だが、押しも押されぬ最難関校。学部はリベラルアーツ色が強い一方で、強力な「実学大学院」として、MBA、法科大学院、行政大学院、医科大学院、歯科大学院を擁している。人文科学系の大学院も有力。ただし伝統的に工学系には弱く、そのためもあって事実上の姉妹校であるMITとは補完関係にある。実学的で上昇志向が強い学生気質、学究的で理想主義と多様性を追求する教員群で構成されている点では、東海岸のリベラルの牙城とも言える。

ロケーション

ボストンに隣接した学園都市ケンブリッジの中核を成している。ボストンとは地下鉄やバスで結ばれており、交通は便利。

主要な関連人物

バラク・オバマ大統領、ミシェル・オバマ大統領夫人(法科大学院)、ジョン・F・ケネディ元大統領(以上、3者とも卒業生)、ヘンリー・キッシンジャー(元教授)、ビル・ゲイツ(中退)、マーク・ザッカーバーグ(中退)、三木谷浩史(MBA卒業生)

日本との関係

日本研究の一大拠点「エドウィン・O・ライシャワー日本研究所」を中心に日本語、日本文学などの講座だけでなく、日本史、日本政治など幅広い分野の日本研究者が在籍。日本からの派遣、研究者の滞在など人材交流も盛ん。

入試の傾向

全世界から志望者が願書を出し、その中から毎年1500人強が選ばれる超難関。併願者の中での人気も随一であろう。SATやGPAで合格基準を語るのはほぼ意味がない。世界中から強い個性、一流の個性を選抜するというのがこの大学の入試。強いて合格への近道を示すとしたら、特に専攻したい分野において高校レベルではなく、自身の研究成果なりレポートなりを添付して大学２年生程度の学力を持っていることを示すのが良い。

エッセイ問題の例

● 設問

「本学の願書に記述した内容では、自分自身の人格ないし達成した事実に関して十分に記述する機会がなかったと感じたのであれば、下記のテーマ群（略）の中から選ぶか、自分でテーマを決めて記述しなさい（オプション、1300語）」

● 解説

そこまでの願書で「十分にアピールした」として、何も書かないというのは、まずあり得ないであろう。そうではなくて、このスペースを使って「ありきたりではない」徹底した自己アピールをせよという意味である。この問題の「核」になるのは、「平凡な評価基準」ではない何らかのユニークな考え方の下で、「自分はここが優れている」という主張がいかにできるかということだ。

【プリンストン大学】
Princeton University

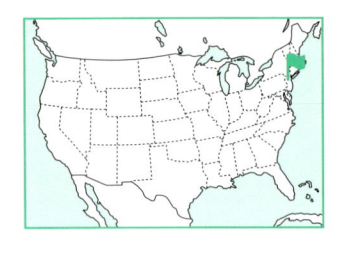

創立	1746年
住所	ニュージャージー州プリンストン Princeton, NJ 08544
URL	www.princeton.edu/main/
マスコット	プリンストン・タイガー
スクールカラー	オレンジと黒のツートーン

概略

アイビーリーグ加盟。幹事校であり、キャンパス内にアイビーリーグの事務局がある。ハーバード、イェールとともに「少数精鋭アイビー」3校の1校であり、2013年の合格者数は1963人、入学者数はさらに少ない。アメリカの名門大学の代表的存在だが、典型ではない。国際枠入試がなく留学生比率が低い上、中途編入を許さない純血主義がある。その結果として、同窓生は強い団結力を誇り、毎年の同窓会は活況を呈し、政財界に大きな人脈も築いている。その一方で、大学院には法科大学院、MBA、医科大学院といった「実学大学院」が設置されておらず、理系も文系も基礎研究に徹しているというプライドを持つ。数学、マクロ経済学、原子核物理、政治学、国際関係などには定評あり。

ロケーション

林や湖に囲まれた田園地帯にある郊外型キャンパスの典型。大学が町の中心となり、徒歩圏に飲食店や小型スーパーもある一方で、15キロ圏にはショッピングモールもシネコンもあり生活に不便はない。治安は極めて良好。またニューヨークやフィラデルフィアからも電車や車で1時間半と交通の便は良い。至近の国際空港はニューアーク。

主要な関連人物

ベン・バーナンキ（前FRB議長、教授）、ポール・クルーグマン（ノーベル経済

学賞、教授）、波多野敬雄（学習院長、卒業生）、ミシェル・オバマ（卒業生）

🏁 日本との関係

牧野成一名誉教授が長年積み上げた日本語教育プログラムは全米屈指。東洋学科には日本史、日本文学などの講座も充実。かつて、江藤淳、村上春樹（本学の名誉博士号授与）、大江健三郎が客員研究員として在籍。日本語文献を収集した東洋図書館も。

✏️ 入試の傾向

SATは2400点満点に限りなく近い水準を要求。エッセイは独自出題が多く、本格的な知的批判精神の発露が期待される内容。レジュメでは、スポーツ、音楽、課外活動などで、ユニークな才能と特筆すべき成果をアピールする必要がある。出願者中の合格率は7.4％（2013年）という最難関校の一つ。

📝 エッセイ問題の例

● 設問

> 「『プリンストン大学の創立150年にあたって、当時のウィルソン学長は〈国家に奉仕するプリンストンであれ〉という標語を掲げました。これは非公式ながら大学の校訓となり、創立250年の際には〈あらゆる国家に奉仕するプリンストンであれ〉というモットーへと進化しました』という文言を書き出しとして、あなた自身の価値の中の重要なものを確立するか、あなたが世界とどう関わるかを決定づけた事件もしくは経験について述べなさい」

● 解説

書き出しの文言との「接続」はどうにでもなる問題だが、明らかに受験生のアイデンティティの核にある経験をオープンかつ知的に語ることをストレートに求めている。世界観を獲得するような経験や事件というのは、もちろん、履歴書の他の部分との整合性を深くチェックされると言っていいだろう。その上で、凡庸な答案にはドンドン厳しい点がつけられるはずだ。

【イェール大学】
Yale University

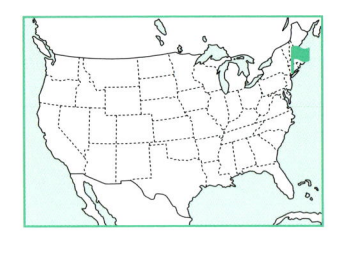

創立	1701年
住所	コネチカット州ニューヘイブン New Haven, CT 06520
URL	www.yale.edu
マスコット	ブルドック
スクールカラー	ブルー

📖 概略

アイビーリーグの中ではハーバードに続いて2番目に古い伝統校。押しも押されぬ少数精鋭の最難関校ということで、ハーバード、プリンストンと同等と考えられる。全体として、リベラルというより保守、民間志向というより公共志向、理系より社会科学系に強い大学である。「実学大学院」として、MBA、法科大学院、医科大学院、歯科大学院を擁している。一方で、音楽や演劇のコースにも定評がある。実学的で上昇志向が強い学生気質は独特の結束力を誇る。

🚩 ロケーション

キャンパスのあるニューヘイブンは、コネチカット州の中でも交通の要衝であり、主要な幹線高速道路と幹線鉄道で、ニューヨーク、ボストンと結ばれている。

👥 主要な関連人物

ビル・クリントン元大統領、ジョージ・H・W・ブッシュ元大統領、ジョージ・W・ブッシュ前大統領（以上、3者とも卒業生）、ジョセフ・スティグリッツ（ノーベル経済学賞、元教授）、メリル・ストリープ（女優、卒業生）、山川健次郎（元会津藩士、後に東京帝国大学総長、卒業生）、藤原帰一（東大教授、卒業生）

🏳 日本との関係

伝説的な歴史学者の朝河貫一が所長として拡充に務めた「イェール大学東アジアコレクション」には多数の日本関係の文献がある。日本との研究者の交流も盛んであり、特に東京大学とは提携関係にある。

✏️ 入試の傾向

全世界から志望者が願書を出し、その中から、2012年で言えば2039人が選ばれた超難関。入学者数は毎年1300人前後。併願者の中での人気もハーバード、プリンストンに拮抗している。SATやGPAで合格基準を語るのはほぼ意味がない。ハーバード、プリンストン同様に、世界中から強い個性、一流の個性を選抜するというのがこの大学の入試。強いて合格への近道を示すとしたら、幅広い読書経験に裏打ちされた「成熟した言語能力、エッセイの記述力」を磨くことであろう。

📝 エッセイ問題の例

● 設問

「本学の願書の他の部分では書けなかったか、あるいは特に自分としてアピールしたい、あなた自身に関する事実を何でもいいから書きなさい。極めて個人的な経験でも構わないし、知的な探求心の向かう方向でも構わない」

● 解説

何でもいいと言っているが、要するに「個人的な経験」に強く動機づけられた「極めて知的な探究心」を持っていることが必要であり、それを説得力のある知的な表現としてエッセイに書けということだ。

【ブラウン大学】
Brown University

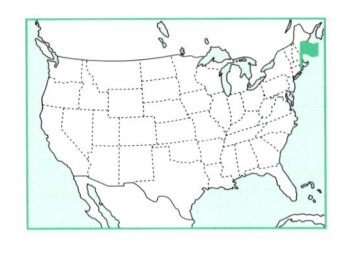

創立	1764年
住所	ロードアイランド州プロビデンス Providence, Rhode Island 02912
URL	www.brown.edu
マスコット	ブラウン・ベアー
スクールカラー	赤と濃茶のツートーン

概略

アイビーリーグ加盟。2013年の入学者数は1543人と、「少数精鋭アイビー」に準じる規模。医科大学院はトップレベル。学部学生のカルチャーは、医科予科や、ビジネス、法律など実学志向が強い一方で、人文科学系・社会科学系などリベラルアーツにも強みを持つ。教授陣を中心として、東海岸のリベラルなカルチャーを牽引しているという自負心が強い。その一方で、映画産業との関係が深いなど華やかな側面も持つ。

ロケーション

全米で最も小さい州であるロードアイランド州の州都プロビデンスの郊外にある。周辺は住宅街で環境は落ち着いている。ボストンまで車で1時間、ニューヨークまで5時間ということで、エリアとしては「ニューイングランド」に入る。ヨーロッパ人の最初の入植地である「プリマス植民地」も近い。至近の国際空港はボストン・ローガン国際空港。ただし地元にもＴ・Ｆ・グリーン空港があり、全米主要都市とは国内線で結ばれている。

主要な関連人物

ジャネット・イエレン（FRB議長、卒業生）、ジム・ヨン・キム（世界銀行総裁、卒業生）、現時点でアメリカ連銀と世銀のトップを同大学の卒業生が占めている。トーマス・ワトソン・ジュニア（IBMの2代目社長）。国谷裕子（キャスター、

卒業生)、平岳大(俳優、卒業生)。2014年には女優のエマ・ワトソン(映画『ハリー・ポッター』8部作のヒロイン)が卒業。

🏳 日本との関係

日本語、日本文学などの講座あり。慶應義塾大学とは、創立者・福澤諭吉の時代から関係が深く、現在でも交換留学制度など密接な関係がある。

✏️ 入試の傾向

SATは2400点満点に限りなく近い水準を要求。出願者中の合格率は約9％という難関。2009〜2013年について発表されたデータによれば、毎年「アーリーディシジョン」で約500人を入学させる。「レギュラー」では約2000人に合格を出すが1000人近くは辞退、つまり他のアイビー等に流れるわけで、「他の併願先との競争」という点では強くない。だが、校風を気に入って選択する学生も多いとされ、決して他のアイビー校の「滑り止め」的な位置ではない。合格基準は非常に高いと思われる。他校に比べて地元優先の割合は低い。

📝 エッセイ問題の例

● 設問

「人間は大なり小なり何らかの性格なり目的を持ったコミュニティや出身というものに属しています。自分の属する一つのグループないしコミュニティを選んで、それがどうして自分にとって重要か、また自分の人格形成にどんな役割を果たしたのかを述べなさい」

● 解説

実にストレートに「自分を語れ」という問題。だが、日本の就職試験の自己分析とは全く違い、必ず「知性の証明」と「積極的なキャラクターのアピール」「多様な価値観との協調姿勢」などを埋め込まなくてはならない。また平凡な表現に陥りがちな危険な出題でもある。その他に、進学後の専攻について第1志望と第2志望を詳しく書かせることから、自分の進路に関して明確な考えを持っていることと、その他の願書の情報が進路希望と矛盾していないことが要求される。

[コロンビア大学]
Columbia University

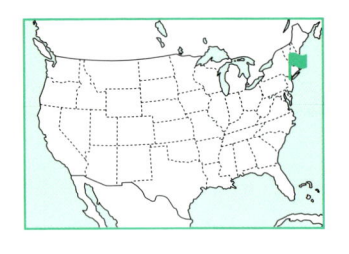

創立	1754年
住所	ニューヨーク州ニューヨーク New York, NY 10027
URL	www.columbia.edu
マスコット	ライオン
スクールカラー	水色と白のツートーン

概略

アイビーリーグ加盟校の中では珍しい都市型校。ニューヨークのリベラル文化の牙城と言える。「実学大学院」が有力で、MBA、医科大学院、法科大学院などは最難関。建築や公衆衛生、看護などもトップレベル。教育学部に当たる「ティーチャーズ・カレッジ」、ジャーナリズム大学院なども世界的に有名である。

ロケーション

マンハッタンの北西部、116丁目前後にあるメインキャンパス、その北にある医科系キャンパスともに完全な都市型キャンパス。アメリカの大学としてはコンパクトな敷地内に機能的に多くの校舎が配置されている。交通は地下鉄駅がすぐ近くにあって非常に便利。国際空港へのアクセスは、JFK、ニューアークともに公共交通機関で行ける。

主要な関連人物

バラク・オバマ大統領（法学部卒、院はハーバード）、フランクリン・ルーズベルト元大統領など、多くの政治家を輩出。トーマス・ワトソン（IBM創業者）、アイザック・アシモフ（SF作家）、イサム・ノグチ（彫刻家）

日本との関係

日本研究には長年の伝統があり、ドナルド・キーン（文学、名誉教授）、ジェラルド・カーティス（政治学、教授）など日本社会へも大きな影響力がある。日本語学科も有力。日本語文献を含むアジアの文献を集めた「C.V.スター東亜図書館」がある。

入試の傾向

SATは2400点満点に限りなく近い水準を要求。2013年の出願者中の合格率は6.89％。同年の合格総数は2311人で、入学者は1416人と、併願関係での「強さ」はトップ校中の平均的なもの。だが、都市型キャンパスとリベラルな校風を気に入って選択する学生も多いとされ、決して他のアイビー校の「滑り止め」的な位置ではない。合格基準は非常に高いと思われる。他校に比べて地元優先の割合は低い。

エッセイ問題の例

●設問

「昨年１年間において、高校の課題図書の中で最も面白かったもの、それ以外の自由な読書の中で面白かったもの、自分が定期購読している紙または電子の刊行物、コンサートや映画、展覧会などで面白かったものを、それぞれ記述した上で、その中から一つを選んで、あなたがそれにどんな意味を見いだしたのかを書きなさい」

●解説

まず、本を読め、雑誌などを定期購読せよ、というメッセージである。そうした経験を通じて芸術的センス、社会問題への関心などを確認してくるのだ。芸術と言っても、ここはアメリカのニューヨークであり、ジャズでもロックでもポップでも全く構わないし、コミック本でも、コメディ映画であっても、心の底から楽しんで、その楽しかった経験を感性と知性を込めて表現できればそれでいい。

【コーネル大学】
Cornell University

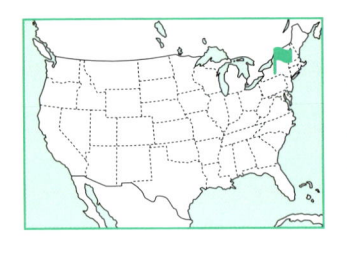

創立	1865年
住所	ニューヨーク州イサカ Ithaca, NY 14850
URL	www.cornell.edu
マスコット	熊（非公式）
スクールカラー	赤と白のツートーン

📖 概略

アイビーリーグの中では大規模校。各学年の学生数は3300人前後と他校の3倍近い規模である。従って、入学に関してはアイビーの中では「入りやすい」と言われている。だが、1年生の各科目の導入コースに名物教授を投入して厳しい課題を与えるなど、入学後の教育が非常に厳しいとされる。その結果として、優秀な成績での卒業証書は他校に全く劣ることのない評価をされる。機械工学、コンピュータサイエンスなど先端技術系、ビジネス、法科なども強いが、ホテル経営学科などユニークな分野でのトップ校でもある。創立直後から男女共学、またニューヨーク州立大学の要素も含めた半官半民大学という一面もある。

🚩 ロケーション

ニューヨーク市から北西に車で4時間。アパラチア山脈の北端という大自然の中にある。イサカというのは、コーネルと、もう一つイサカ・カレッジという中堅校による完全な学園都市で、坂の多い独特の風情がある。郊外にショッピングセンターもあり、生活は大変に便利。冬季は低温、多雪で厳しいが、キャンパスの雪対策は徹底している。ニューヨーク市内に医科大学院を中心としたキャンパスもあり、近年は都市型のIT学科を拡充する動きもある。

👥 主要な関連人物

カール・セーガン（天文学、元教授）、ラタン・タタ（インドのタタ・グループ

総帥、卒業生)、アーウィン・ジェイコブス（携帯電話技術のクワルコム社創業者、卒業生)、李登輝（元中華民国総統、卒業生)、ポール・ウォルフォウィッツ（元世界銀行総裁、卒業生)、フランシス・フクヤマ（哲学者、卒業生)、星野佳路（ホテル経営学大学院卒）

日本との関係

獣医学科、ホテル経営学科など「実学大学院」への留学生は以前から多い。

入試の傾向

SATは2200点前後が合格者の平均。2013年の出願者中の合格率は16％。同年の合格総数は6222人で、入学者は3282人と辞退者は多い。反対に、それだけトップレベルの学生の併願先としては確立しているわけで、合格基準では妥協はしていないと思われる。半官半民ということで、ニューヨーク州出身者には若干の優遇措置がある。

エッセイ問題の例

●設問

各学部ごとにエッセイの出題がある。例えば工学部の場合は「工学に関してあなたが持っているアイデア、または自分の関心領域を書きなさい。そして、そのアイデアを実現するために、コーネルの工学部が持っている特定の資産をどう活用するか、そしてコーネルの工学部の教育課程があなたのアイデア実現のためにどう役立つかを述べなさい」。

●解説

併願者の多い中で、具体的なコーネルのカリキュラムをどれだけ真剣に理解し、評価しているかを問う、と同時に将来の専攻に関するイメージが固まっていることを確認したいという問題。ただし、別に掲げられた「アドバイス」では「コーネルが歓迎しそうな回答はお断りで、あくまで正直に自分のアピールをせよ」とある。結局は個々人の個性のアピールができるかが勝負だろう。

【ダートマス・カレッジ】
Dartmouth College

創立	1769年
住所	ニューハンプシャー州ハノーバー Hanover, NH 03755
URL	http://dartmouth.edu
マスコット	「ケギー」という生ビール缶大の人形
スクールカラー	グリーン

概略

アイビーリーグの中で唯一カレッジ（単科大学）を名乗る。自然の中のキャンパスと、小規模（各学年1000人前後）という点で、大変にユニークな存在。名称はカレッジだが、MBAも医科大学院も工科大学院もあり、事実上は総合大学である。あえてカレッジを名乗るのは「学部レベルの教育を重視する伝統」のためだという。リベラルアーツ教育を重視するが、公共政策、舞台芸術などにも強みを持つ。学生の自治を重んじるなど、大学としての強いカルチャーがある。

ロケーション

ニューハンプシャー州の西側、バーモント州との州境に近い自然の中にある大学。直近の大都市はボストンだが、バスで3時間はかかる。多くの学生や教職員、卒業生はこの環境をこよなく愛している。

主要な関連人物

ヘンリー・ポールソン、ティモシー・ガイトナー（ともに財務長官としてリーマンショックへの対応という重責を果たした、卒業生）、ロバート・フロスト（詩人、中退）、ジェフリー・イメルト（GE会長、卒業生）

日本との関係

タック・スクール（MBA）への留学生は多い。医科大学院への留学生も必ずいる。日本語や日本学のコースは充実している。

入試の傾向

SATは2200点前後が合格者の平均。2013年の出願者中の合格率は10.4％。同年の合格総数は2337人で、入学者は1117人（うちアーリーが464人）と少数精鋭の学校。併願による辞退率は高いが、ハーバードなどトップ校との併願がほとんど。

エッセイ問題の例

● 設問

「あなたの学びの経験の中で、思想、発見などによって最も興奮させられた瞬間について述べなさい」

● 解説

学ぶ喜び、いや学ぶことの興奮を知っているかという、いかにもダートマスらしい出題。そこでニヤリとして、自然に自分なりのストーリーが書ければしめたもの。反対に「興奮させられた瞬間」を持っていない場合は、そのように正直に書いた上で例えば歴史上の発明発見をした人物とか、偉大な学者や作家などで自分の尊敬している人を挙げながら、「発見に興奮するというのはおそらくこんなことでは？」という想像の先に「そのような瞬間をダートマスで経験したい」と宣言する作戦になるだろう。「ありもしない経験」を捏造するのは危険であり、むしろそこに罠が潜んでいる出題だとも言える。

【ペンシルベニア大学（Uペン）】
University of Pennsylvania

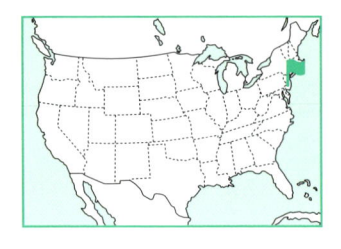

創立	1755年
住所	ペンシルベニア州フィラデルフィア Philadelphia, PA 19104
URL	www.upenn.edu
マスコット	クエーカーという人形
スクールカラー	赤と青のツートーン

📖 概略

アイビーリーグの中ではコーネルに続いて2番目に大きい大規模校。また、コロンビアと並ぶ都市型キャンパスという環境にある。「実学大学院」として、MBA、法科大学院、医科大学院、歯科大学院は定評がある。特にMBAのウォートン・スクールは「論戦より理論、思想より数学」を重んじる校風で金融界で存在感を持っている。一方で、工学やバイオなど理工系の教育も評価が高い。

🏁 ロケーション

建国当時の首都フィラデルフィアの中心駅から徒歩圏という、都市型キャンパス。他大学と併せて文教地区を形成している。フィラデルフィアのダウンタウンにも至近であり、フィラデルフィア国際空港にも直通電車がある。ワシントンやニューヨークにも、バスやアムトラック特急が頻繁に通っている。

👥 主要な関連人物

白川英樹（ノーベル化学賞、研究員）、根岸英一（ノーベル化学賞、博士）、ノーム・チョムスキー（言語学者、卒業生）、ドナルド・トランプ（実業家、卒業生）

🚩 日本との関係

理工系や経済学を中心に人材交流の長い歴史がある。ウォートン・スクール

（MBA）への留学生も多い。ビジネス科目とリンクさせた実用日本語のコースもある。

入試の傾向

SATは2200点前後が合格者の平均。2013年の出願者中の合格率は12％。同年の合格総数は3830人で、入学者は2421人と併願関係では強い。珍しくアーリーディシジョンの合格率も公開しており、こちらは25％と高い。留学生比率は13％。

エッセイ問題の例

●設問

「合否判定委員会としては、あなたがなぜ選択した学部にフィットする存在であるか、その理由を知りたい。そこで、あなたがペンシルベニア大学に入学することが特定の学問、社会貢献、真理探求でどんな機会になるのか、あなた自身のバックグラウンドや関心、目標と関連づけて述べなさい」

●解説

具体的な専攻への思いと、その専攻における自身の強みを積極的にアピールせよという内容。別に「進路が絞り切れていない」学生はダメということではないが、抽象的なものであれ、入学後に何をしたいのかを意識しており、その意識の仕方に知的な態度と、他の人にはない才能や個性を感じさせるということが期待されている。要するに平凡な、そして優等生的な書き方ではダメということだ。

【マサチューセッツ工科大学（MIT）】

MIT
Massachusetts Institute of Technology

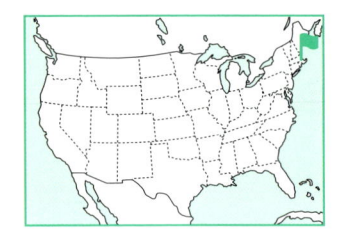

創立	1865年
住所	マサチューセッツ州ケンブリッジ Cambridge, MA 02139
URL	http://web.mit.edu
マスコット	ビーバーの「ティム」
スクールカラー	赤とグレーのツートーン

概略

設立時期が新しいことからアイビーリーグ加盟校ではないが、理工系大学の世界最高峰の一つ。学部学生は1学年1000人強という少数精鋭の最難関校。一方で院生の人数が学部を上回るなど、研究色も非常に濃厚。理工系に特化した大学として事実上の姉妹校であるハーバードとは補完関係にあるが、人文科学系の学科も立派にあり、有名なMBAコース（スローン・スクール）もある。「すぐに役に立たない技術開発にも力を注ぐ」「学生の間には高度な知的悪ふざけの伝統がある」など、「学び」と「遊び」を重ねるような独特のカルチャーがある。

ロケーション

ボストンに隣接した学園都市ケンブリッジの中核を成している。ボストンとは地下鉄やバスで結ばれており、交通は便利。

主要な関連人物

ベン・バーナンキ（前FRB議長、博士）、ポール・サミュエルソン（ノーベル経済学賞、元教授）、コフィー・アナン（元国連事務総長、修士）、カーリー・フィオリーナ（元HP会長、修士）、大前研一（経済評論家、卒業生）、利根川進（ノーベル生理学・医学賞、現教授）

🚩 日本との関係

日本からの派遣、研究者の滞在など人材交流は盛ん。近年は「メディアラボ」（伊藤穰一所長）における研究が日本でも有名。

✏️ 入試の傾向

2013年のデータによれば、合格率は8.2％で合格総数1548人、入学者1116人。世界中から強い個性、一流の個性を選抜する超難関である。併願での選択傾向は平均的だが、ハーバード、プリンストン、スタンフォードなどトップ校との併願者がほとんど。専願の縛りのないアーリーアクションを採用している点には「見比べて選んでください」という自信も感じられる。強いて合格への近道を示すとしたら、特に数学と理科の科目選択と成績を十分に高めておくこと。数学は微分方程式以上、理科は主要3教科でSAT2、IBまたはAPの点数は最高点まで高めておくこと。

📝 エッセイ問題の例

● 設問

> いくつかの質問に対して短く答えるもの。例えば「忙しさの中にどんな楽しみを見いだすか？」「自分の性格の中で誇りに思うことは？」「思い通りにいかない困難な状況に際して、どう対応するか？」など。しかもご丁寧に「時間をかけてはダメだよ」とか「簡単な英語で書くのが良い」などという「ガイダンス」までついている。

● 解説

切れ味の良い質問に対して、切れ味の良い回答を求めている。時間をかけるなとか、簡単な英語でというのは、もちろん半分は冗談である。真剣に磨きあげた知的でウィットに富んだ言葉遣いで、前向きで深みのある「短い答え」を示さなくてはならない。

【スタンフォード大学】
Stanford University

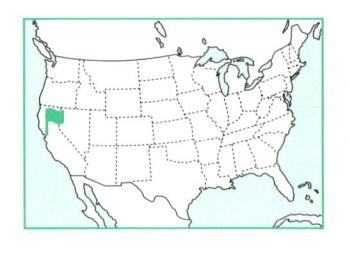

創立	1891年
住所	カリフォルニア州スタンフォード Stanford, CA 94305
URL	www.stanford.edu
マスコット	スタンフォードの木
スクールカラー	えんじと白のツートーン

📖 概略

西海岸の超難関校。アイビーリーグ加盟校と同等に見なされ「西のハーバード」とも言われる。ハーバード、イェール、プリンストンとともに「少数精鋭」であり、学部学生は1学年1700名程度。法科大学院、MBA、医科大学院もトップレベル。起業家精神が脈々と流れており、シリコンバレーにある多くの巨大IT企業は本学の学生ベンチャーから生まれている。

🚩 ロケーション

サンフランシスコから南へ車で1時間。シリコンバレーの入口にある。サンフランシスコ湾を望む丘の斜面に広がるキャンパスは、全米の大学の中でも最も個性的で美しい。サンフランシスコ国際空港も至近距離にある。

👥 主要な関連人物

ミルトン・フリードマン（経済学者、名誉教授）、コンドリーザ・ライス（元国務長官、現教授）、水村美苗（作家、客員教授）、セルゲイ・ブリン＆ラリー・ペイジ（グーグル共同創業者、学部＋修士）、マリッサ・メイヤー（ヤフーCEO、元グーグル副社長、学部＋修士）、シガニー・ウィーバー（女優、卒業生）、金子郁容（慶大教授）

🚩 日本との関係

西海岸の名門ということで、MBAや大学院は日本人の留学生が多く、太い人脈がある。鳩山由紀夫元総理もその1人。京都大学や同志社大学との提携関係もある。

✏️ 入試の傾向

SATは2400点満点に限りなく近い水準を要求。2013年には出願者数3万8828人に対して、合格者は2209人。合格率は5.7％というまさに最難関校の一つ。入学者は1695人と辞退率は低い。アーリーアクションを採用しており、「どうぞ併願してください」という自信満々の姿勢が見て取れる。エッセイは簡単な問題だが、慎重に記述する必要がある。

📝 エッセイ問題の例

● 設問

> 「スタンフォードは全寮制です。将来のルームメイトに対して、あなたの正直な自己紹介と、ルームメイトに対してどんな協力ができるかを手紙として書きなさい」「あなたにとって大切なものは何ですか？」

● 解説

単に協調性を見たり、自己紹介を要求しているのではない。スタンフォードの伝統である、学生同士が真剣な議論を交わして濃密な関係を築き、そこから学内ベンチャーが育ったり、ノーベル賞級の研究が生まれたりする、その伝統に連なる人物であるかが問われている。平凡な答案はまず評価されないであろう。一つのヒントは、同校から名誉博士号を授与されたスティーブ・ジョブズの言う「ハングリーであれ、逸脱し続けよ」というメッセージかもしれない。そのような天才性と独創性の共存するキャラクターをこの大学は待っているのである。

【カリフォルニア大学バークレー校（UCバークレー）】
University of California, Berkeley

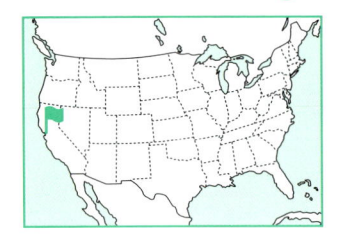

創立	1868年
住所	カリフォルニア州バークレー Berkeley, CA 94720
URL	www.berkeley.edu/index.html
マスコット	ベアー（熊）
スクールカラー	ブルーとゴールドのツートーン

概略

10校から成るカリフォルニア大学システム（UCシステム）の中で最初に設立された。スタンフォードと並ぶ西海岸の名門。過去に70人以上のノーベル賞受賞者を輩出するなど、研究機関として世界のトップレベルに位置する。MBA、工学大学院、法科大学院など大学院も充実している。ITや工学に強く、連邦政府との共同運営によるエネルギー関連の研究所を数カ所に有している。1960年代末には「フリースピーチ運動」が盛り上がる中でベトナム反戦運動の拠点となり、保守派の州知事と厳しく対立したが、そうしたリベラリズムの伝統は今もキャンパスの活力となっている。

ロケーション

サンフランシスコとは、湾をはさんだ対岸にあり、バートという近郊鉄道と高速道路で結ばれている。至近の国際空港はオークランド国際空港だが、サンフランシスコ国際空港も近い。環境的には、都市に近いながら郊外型の自然あふれる広大なキャンパスを展開している。

主要な関連人物

エリック・シュミット（グーグル会長、博士）、孫正義（ソフトバンク社長）、緒方貞子（博士）、ジョン・ガルブレイス（経済学者、博士）

日本との関係

西海岸の名門ということで、留学生や研究者の交流は盛ん。また「日本研究センター」を設置し、バークレー日本賞という表彰を行っている。過去の受賞者は村上春樹、宮崎駿、坂本龍一である。

入試の傾向

難関大学であるが、規模が大きく、2013年には5078人が入学した。合格率は例年25％前後であったが、ここ数年の受験戦争の加熱を受けて、最新の合格率は18％台まで下がってきた。大規模校ということもあって、SATの合格者平均値は2100点程度である。だが、むしろ高校の成績が厳しく見られており、GPAは通常ウェイテッドで4.1以上が要求される。

エッセイ問題の例

●設問

> UCシステムの共通問題として、「あなたはどんな世界（家族、コミュニティ、学校など）から来たのか？」「あなたを物語る能力、性格、達成、経験を語り、それが自身の誇りになっている理由と、あなたの人格を構成している理由を述べよ」。

●解説

「全人格を語れ」という問題だが、UCシステムの特徴である大規模なコミュニティと多様性ということは前提として意識すべきだ。そのような多様性を持つ集団の中で、一人一人がどのようにコミュニケーションを取っていくのか、そして成果を出していくのか、その資質が問われている。

【ジョージア工科大学】
Georgia Institute of Technology

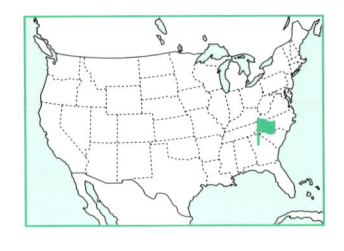

創立	1885年
住所	ジョージア州アトランタ Atlanta, GA 30332
URL	www.gatech.edu
マスコット	「バズ」というミツバチ
スクールカラー	白とゴールドのツートーン

概略

工学部を中核とする理工系大学としては、MITとカルテックに並ぶ存在。一方で公立大学でもあり、公立の中では全米屈指という位置づけになる。航空宇宙工学、医療系の生物工学などの評価はトップレベル。近年では、IT分野にも力を入れている。MBAの評価も高い。ただし、1学年が3500人程度という大規模な大学であるために、学生間の競争は厳しい。各科目の成績評価も厳しいことから、結果的に優秀な成績での卒業証書には大きな価値があるとされる。

ロケーション

ジョージア州アトランタという大都会に隣接しているが、キャンパスは広大で落ち着いた環境である。大規模理工系大学という性格上、学生のストレス対策がキャンパス設計の上で重要な要素とされている。そのために、近年は学生寮や学生会館などの充実を急いでいる。

主要な関連人物

ジミー・カーター元大統領（卒業生）、ジョン・ヤング（宇宙飛行士、卒業生）、ギル・アメリオ（元アップルCEO、卒業生）、マーク・テシェイラ（MLB選手、卒業生）

🚩 日本との関係

東京工業大学とは関係が深く、現在でも交換留学制度など密接な関係がある。

✏️ 入試の傾向

公表されている選考基準によれば、GPAと高校での科目選択、SAT、課外活動、エッセイ、内申書、教師の推薦状は必須、オプションとしてはSAT2、APやIBのスコアを加味して選考するという。大規模校だけあって、SATは2000点、GPAは4.0程度が合否ラインのようだが、数学や理科で「楽な科目」しか取っていない場合は苦しいだろう。合格率は51.7％（2012年）と比較的高いが、この大学の場合は入学後に厳しい競争が待っていると考えるべきだろう。

📝 エッセイ問題の例

● 設問

「本学の志望理由、そして入学後に本学のコミュニティにどのような貢献ができるかを書きなさい」

● 解説

素直な出題であるが、平凡な回答では不十分。できるだけ将来の専攻のイメージを絞り込んで、その上でこの大学の持っているリソース、つまり研究施設や指導者などを調べて、自分が入学後にどんな学生生活を送ることになるのか、できるだけ具体的なイメージを記述すべきである。その際に、自分の興味のある分野に関しては、しっかりした知識と見解を持っていることをアピールすべきである。

【ジョンズ・ホプキンス大学】
Johns Hopkins University

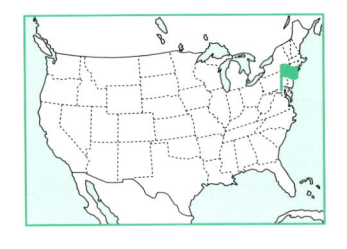

創立	1876年
住所	メリーランド州ボルチモア Baltimore, MD 21218
URL	www.jhu.edu
マスコット	「アオカケス」という鳥(ブルージェイ)
スクールカラー	水色(または黒)とゴールドのツートーン

概略

東部の有力大学の一つ。ワシントンDCに近いボルチモアにあり、国際関係論や国際経済学などの分野で、連邦政府や国際機関などとの人事交流がある。歴史的に医学に強く、医科大学院の評価が高い一方で、医学に隣接した工学や、生命科学に関しても高い評価を得ている。近年はMBAも設置された。学部学生は1学年1500人程度という規模、高度な研究大学院を擁する総合大学という性格から、アイビー加盟校の有力なライバルである。

ロケーション

ワシントンDCまで車で40分という至近距離。ボルチモアの中心にある。都会型の環境だが、学生生活はキャンパス内でほぼ完結する。国際空港へのアクセスは、ボルチモア空港だけでなく、ワシントンDCの各空港、フィラデルフィア空港にともに鉄道のアクセスがある。

主要な関連人物

ズビグネフ・ブレジンスキー(元大統領補佐官、教授)、ケント・カルダー(教授、付属エドウィン・ライシャワー東アジア研究センター長)、リチャード・クー(エコノミスト、博士課程)

日本との関係

戦前から新渡戸稲造や河合栄治郎が留学するなど、日本との関係は深く長い。現代では、日本の政治研究、そしてアメリカの対日政策通の多くが本学の出身である。

入試の傾向

SATの平均は2200点近辺。2013年の出願者中の合格率は17％。同年の合格総数は3519人で、入学者は1317人と、併願関係ではやや他校に流れがち。だが、その分だけ「アイビーとの併願」の多さが推察できる。医科系の学生にとっては第一志望であることが多く、アーリーの倍率は3倍と高め。

エッセイ問題の例

● 設問

> 「本学には50種類以上の専攻があります。その専攻を決定している学生は、選択した理由を、未決定の人はどうして未決定であるかを書きなさい」

● 解説

ご丁寧に「良いエッセイの例」というのが、毎年4作品ぐらいずつ入試のサイトに発表されている。しかもAOの責任者のコメントまでついている。その「良い例」では、平易な文章でしかも視点のハッキリした「いかにも優等生」的なものが紹介されている。これも一つの参考になるとは思うが、必ずしもこうした優等生風である必要はないと思われる。ただ、この問題の場合は、専攻に関する自分の現在の考え方を相当に深く記述する必要があるだろう。考え方だけでなく、経験に裏打ちされた信念や感覚的なものまでを含めた、ユニークな自分の「人格」を表現しなくてはならない。

【ジョージタウン大学】
Georgetown University

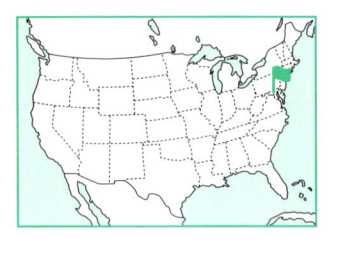

創立	1789年
住所	ワシントンDC Washington, DC 20057
URL	www.georgetown.edu
マスコット	ブルドック
スクールカラー	ブルーと灰色のツートーン

概略

東部の有力大学の一つ。ワシントンDCにあり、特に国際関係論と法学に強い。国際関係の大学院と、法科大学院は全米のトップクラス。歴史的に医学に強く、医科大学院の評価も高い。学部学生は1学年1700人程度という規模、高度な研究大学院を擁する総合大学という性格から、本校もアイビー加盟校の有力なライバルである。

ロケーション

ワシントンDCのポトマック河畔に位置する高級住宅街に隣接。典型的な都市型のキャンパスである。各国大使館が軒を並べ、レストランや商店の立ち並ぶ地区もあり、生活には便利。

主要な関連人物

ビル・クリントン元大統領（卒業生、学部）、ロバート・ゲーツ（元国防長官）、アレクサンダー・ヘイグ（元国務長官）、阿川尚之（弁護士、法科大学院）、河野太郎（衆議院議員、学部）

日本との関係

国際関係論を中心に大学院への留学生は以前から多い。

入試の傾向

SATの平均は2200点近辺。2013年の出願者中の合格率は16.6％。同年の合格総数は3293人。入学者は1580人で、併願関係には強い。法学志望の学生にとっては第一志望であることが多く、アーリー（アクション）の合格率が全体の平均値と同等と高め。

エッセイ問題の例

● 設問

「あなたの持っている特別な能力ないし才能を述べよ」「自分の参加した学校での活動や、夏休みの活動の中で最も重要なものを紹介せよ」

● 解説

一般的な質問だが、字数制限がないというのがミソである。自由に思い切り書けということであり、語彙やレトリックにも工夫せよということだろう。ただし、ダラダラと長いものもダメであろう。とにかく、具体的な経験や達成を紹介しながら、その経験や達成に関する自分なりの「意味」を深く書くことが求められる。

【シカゴ大学】
The University of Chicago

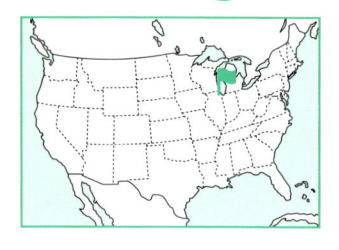

創立	1890年
住所	イリノイ州シカゴ Chicago, IL 60637
URL	www.uchicago.edu
マスコット	フェニックス
スクールカラー	マルーン(赤茶色)と白のツートーン

概略

中部私学の雄。ブラウン大学に対抗して創立されたというだけあって、1学年1300人程度という規模。MBA、法科大学院、医科大学院ともにトップクラス。さらに「シカゴ学派」の拠点としての経済学、物理学、工学も定評があり、東部のアイビー校の良きライバルと言える。

ロケーション

全米屈指の大都市シカゴの西南に位置している。周囲は都市エリアだが、キャンパスは緑の多い中にオックスフォードやケンブリッジを模したクラシックな建物で構成され、学究的な雰囲気が漂う。

主要な関連人物

ミルトン・フリードマン、ジョージ・スティグラー、フリードリヒ・ハイエク（いずれも経済学教授、いずれもノーベル経済学賞を受賞した、いわゆるシカゴ学派）、ジェームズ・マッキンゼー（マッキンゼー創立者、元教授）、南部陽一郎（ノーベル物理学賞、名誉教授）、藤田哲也（気象学者、元教授）、白川方明（前日銀総裁、修士）

日本との関係

大学院を中心に、留学生、研究者の人事交流には長い歴史がある。

入試の傾向

SATは2200点前後が合格者の平均。2013年の出願総数は3万304人で、出願者中の合格率は8.8%。同年の合格総数は2670人で入学者は1426人と、アイビーと同様の傾向。併願による辞退率は高いが、アイビーとの併願がほとんど。

エッセイ問題の例

● 設問

> 難問奇問の伝統があり、それを誇りにしている。例えば「奇数のことはオッド（odd 変わった）ナンバーと言いますが、そのどこがオッドなのかを考えなさい」「あなたのPH度は何ですか？ ちなみに、酸っぱい回答も可ですが、中性というのはやめてください」。

● 解説

難問奇問と自称しているが、要するにユーモアの感覚と知性の切れ味のある出題をするので、回答にもユーモアと切れ味を期待しているということだ。ちなみに、問題は毎年変わる。実際には、記入するホームページのエリアが画像や図表の添付もできるようになっており、奇妙なチャートで自分の人格を表現した受験生が合格したという伝説もある。AOとしては、相当に丁寧に作品を読み込み、厳しく採点してくることが予想される。

【ノースウェスタン大学】
Northwestern University

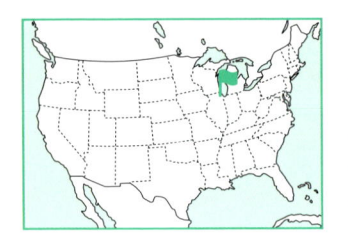

創立	1851年
住所	イリノイ州エヴァンストン Evanston, IL 60208
URL	www.northwestern.edu
マスコット	「ウィリー」という野良猫
スクールカラー	紫

📖 概略

シカゴ大学のライバル校。ただし、やや実学寄りで、MBA（ケロッグ・スクール）、法科大学院、ジャーナリズムなどの「実学大学院」が有力。また工学系もレベルが高い。

🚩 ロケーション

シカゴの北の郊外、ミシガン湖畔に位置しており、落ち着いた住宅街とビジネス地区に隣接している。シカゴのダウンタウンや、シカゴ・オヘア国際空港とは鉄道で結ばれている。

👥 主要な関連人物

アーサー・アンダーセン（会計事務所アクセンチュア創業者、卒業生）、松井彰彦（東大教授、経済学者、博士）、藤巻健史（参議院議員、MBA）

🚩 日本との関係

大学院を中心に人材交流の長い歴史がある。ケロッグ・スクール（MBA）への留学生も多い。

入試の傾向

SATは2150点前後が合格者の平均。2013年の出願者2万5369人中の合格総数は6887人で、入学者は2128人と併願関係では弱い。だが、シカゴ大学やアイビー各校との併願者は多く、合格基準は相当に高いと見るべきだろう。

エッセイ問題の例

●設問

「本学の独自性とは何か？　自分が専攻を予定している学部を選んで、その独自性・卓越性を自分としてはどのように活かしたいかを書きなさい」

●解説

併願が多いことから、AOとしてはどのぐらい真剣な志望動機を持っているのかを確認したいのだと思われる。従って、具体的な専攻への思いだけでなく、その専攻内容に関するこの大学の特徴ないし教授陣の陣容などをしっかり理解していることをアピールすべきである。「進路が絞り切れていない」学生の場合も、ノースウェスタンの特徴を理解した上での出願であることは強く主張したい。だからといって、型通りの表現で絶賛したり仰ぎ見るような内容は期待されていない。あくまで知的なアプローチで事実に基づいた真剣な出願動機を表現し、そこに強い自己アピールを埋め込むべきである。

【カーネギー・メロン大学】
Carnegie Mellon University

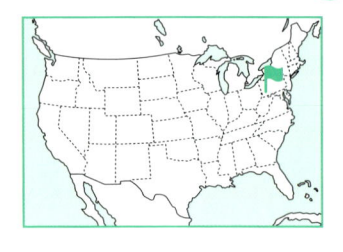

創立	1900年
住所	ペンシルベニア州ピッツバーグ Pittsburgh, PA 15213
URL	www.cmu.edu/index.shtml
マスコット	犬の「スコッティ」
スクールカラー	真紅とグレー、およびタータンチェック

📖 概略

鉄鋼王カーネギーが設立したカーネギー技術学校と、金融王メロンの設立したメロン工業研究所が合併して成立。何よりも工科大学として、理工系の学部に強みを持つ。コンピュータサイエンスに関しては、ソフトウェア分野、ハードウェア分野ともに世界のトップレベル。ロボット工学や機械工学にも特徴がある。MBAのティッパー・スクールも評価が高い。その一方で、音楽やパフォーマンスアートの分野にも強みを持ち、ブロードウェイやアメリカの音楽界に影響力を持っている。

🏫 ロケーション

大都市ピッツバーグ市内にあって、ダウンタウンに隣接した学園都市オークランド地区の中核を成している。ピッツバーグとはバスで結ばれており、交通は便利。

👥 主要な関連人物

ジョン・ナッシュ（ゲーム理論、ノーベル経済学賞、修士）、エドワード・ファイゲンバウム（人工知能学者、卒業生）、金出武雄（カーネギー・メロン大学ロボット工学研究所の元所長）

🚩 日本との関係

日本からの派遣、研究者の滞在など人材交流は盛ん。特にIT関係の大学院留学が多い。

✏️ 入試の傾向

2013年のデータによれば、出願総数1万7313人で、合格率は28％。併願には強くないが、アイビーとの併願が多く、合格ラインは高い。SATの平均は2100点近辺。理工系志望の場合は、数学と理科の科目選択と成績を十分に高めておくこと。理科は主要3教科でSAT2、IBまたはAPで良い点数が必要。課外活動もかなり重視される。

📋 エッセイ問題の例

● 設問

「本学を志望した理由、また学部を選択した理由を述べよ」「今年、自分の趣味で読んだ本から1冊を選び、その中の一文を引用しつつ紹介せよ」

● 解説

できるだけ将来の専攻のイメージを絞り込み、その上でこの大学の研究施設や指導者などを調べて、志望学部に関してできるだけ具体的なイメージを記述すべきである。読書経験に関するエッセイは文字通り、知的能力全般が判断されるので、本のチョイスも含めて真剣に取り組むべき。

【ライス大学】
Rice University

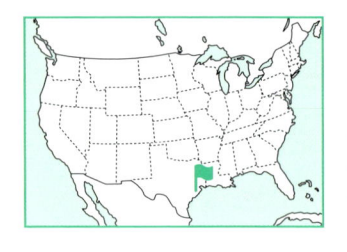

創立	1912年
住所	テキサス州ヒューストン Houston, TX 77005
URL	www.rice.edu
マスコット	「サミー」というフクロウ
スクールカラー	青とグレーのツートーン

📖 概略

南部の超難関校。アイビーリーグ加盟校と同等に見なされ「南のハーバード」とも言われる。「少数精鋭」であり、学部学生は1学年1000人を切る。建築学大学院、MBAはトップレベル。一方で社会科学系を中心とした人文科学や理工系も定評がある。愛校心が非常に高く、家族的なカルチャーがある。

🚩 ロケーション

ヒューストン市内の「ミュージアム地区」にある。広大なキャンパス内には、「カレッジ」と名づけられた学生寮があり、それぞれが独自の文化と伝統を持つ学生団体になっている。

👥 主要な関連人物

ジェイムズ・ベーカー（元国務長官、名誉教授）、土井隆雄（宇宙飛行士、博士課程修了）

🚩 日本との関係

南部のテキサス州にある大学ということで、人材交流の流れは太くないが、近年は交換留学生も増えている。

入試の傾向

SATは2400点満点に限りなく近い水準を要求。出願者数1万5415人に対して、合格は2583人。合格率は17％（2013年）という難関校の一つ。入学者は982人と辞退率は高いが、アイビーとの併願が多いと思われる。

エッセイ問題の例

● 設問

「本学を志望した動機を書きなさい」「この四角形のボックスの中に、何かあなたが面白いと思うものを書きなさい（ただし、二次元のイメージでスキャンできるもの）」

● 解説

この大学の場合は、愛校心というのを非常に大切にするので、志望動機に関しては「第一志望」という強いアピール、しかもこの大学のカルチャーに惚れ込んでいるというような表現が良いという「解説」が多い。確かにそうかもしれないが、もっとクールで冷静な記述でももちろん構わない。ただし、大学の持っているリソース、特に学科の特徴や教授陣などについてはよく知っていることが前提になる。「ボックス」に「面白いもの」を描けというのは、大胆な創造性ということでもいいが、常識的な美的センスによるチョイスでも構わないようだ。

【デューク大学】
Duke University

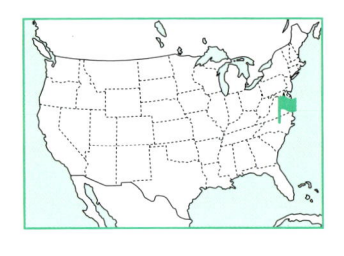

創立	1838年
住所	ノースカロライナ州ダーラム Durham, NC 27708
URL	http://duke.edu/
マスコット	「ブルーデビル」という怪人
スクールカラー	ブルーと白のツートーン

概略

南部の難関大学。MBA、医科大学院、バイオ工学などが有名だが、工学、アートなど幅広い専攻で定評がある。

ロケーション

ノースカロライナ州のダーラムに広大なキャンパスを有している。キャンパスは緑の多い中にヨーロッパの古い建物を模したクラシックな建物で構成され、学究的な雰囲気が漂う。キャンパス内には、「サラ・P・デューク・パーク」という大きな庭園がある。

主要な関連人物

リチャード・ニクソン元大統領（卒業生）、エリザベス・ドール（元上院議員、卒業生）、ロン・ポール（元下院議員、卒業生）、チャーリー・ローズ（TVキャスター、卒業生）、ティム・クック（アップルCEO、MBA）、田村耕太郎（法科大学院、修士）

日本との関係

日本からの派遣、研究者の滞在など人材交流は盛ん。特に医科大学院への留学が多い。

入試の傾向

SATの平均は2200点近辺。2013年の出願者中の合格率は12％。同年の合格総数は3819人で、入学者は1739人と、併願関係での競争は平均的。「アイビーとの併願」の多さから考えると、合格ラインはアイビーの平均とほとんど同レベル。医科系の学生にとっては第一志望であることが多く、アーリーの倍率は3倍と高め。

エッセイ問題の例

● 設問

「あなたをユニークな存在に高めた経験を紹介してください。その経験を記述することで、あなたが向こう4年間、この大学の一員として過ごす価値のある人間だということを説明してください」

● 解説

なかなか挑戦的な出題である。要するに自分の「全人格を語れ」ということが要求されている。その人格を作り上げたキッカケとなる経験を述べよという質問であり、他大学の一般的な出題と変わらない。ただし、自信を持って書くこと。実際に経験した事実に基づいて書くということからブレてはならない。

【ニューヨーク大学（NYU）】

NYU
New York University

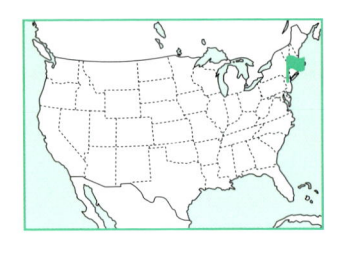

創立	1831年
住所	ニューヨーク州ニューヨーク New York, NY 10012
URL	www.nyu.edu
マスコット	ボブキャット
スクールカラー	すみれ色（薄紫）

概略

ニューヨークの街に密着した私立大学である。マンハッタンのビジネス社会と一体化したMBA（スターン・スクール）、多くの映画監督を送り出した芸術学部（ティッシュ・スクール）などが有名だが、法科大学院、教育学部、公共政策なども定評がある。私立大学としては例外的な大規模校で、学部学生は1学年5000人の規模である。

ロケーション

マンハッタンのダウンタウン、ソーホーからグリニッジ・ビレッジ地区の市街地に溶け込んだキャンパスである。つまりニューヨークの碁盤の目をした繁華街の中に校舎と学生寮が点在している。その多くは超高層（摩天楼）という極めて都市型の環境であり、ニューヨークという街の一つの大きな要素になっている。大都市が苦手な学生には全く向かないし、大都市の生活ペースに引きずられるような学生にも向かない。刺激的だが、同時に自己管理の要求される特殊な環境と言える。

主要な関連人物

アン・リー（映画監督、卒業生）、スパイク・リー（映画監督、卒業生）、ルドルフ・ジュリアーニ（元ニューヨーク市長、法科大学院）、五嶋みどり（バイオリニスト、卒業生）

🚩 日本との関係

大学院を中心に多くの留学生が卒業している。

✏️ 入試の傾向

SAT の平均は2000点近辺。2013年の出願者中の合格率は30.9％。同年の合格総数は１万4986人。入学者は5110人で、併願者は他大学に流れがちである。反対に、アイビーレベルも含めた相当にレベルの高い学生が併願しているとも言える。法学志望の学生にとっては第一志望であることが多く、アーリー（アクション）の倍率が全体の平均値と同等と高め。男女比は４：６で女性の方が多い。

📝 エッセイ問題の例

● 設問

「本学は他に類例を見ない都市型の環境の中で、高度な教育を提供しています。その中でどのキャンパス、あるいは学部について関心があるのかを書きなさい。またどうして関心があるのか、それ以前の問題としてどうして NYU で学びたいのかを書きなさい」

● 解説

要するに、ニューヨークのシティライフに憧れるのではなく、アカデミックな理由として NYU を選択するという「まともな」理由があるのかを聞いているのである。いわゆるニューヨークへの憧れで来てもらっては困るということで、反対にしっかりした志望動機を持っていれば評価されるだろう。

【ボストン・カレッジ（BC）】
BC
Boston College

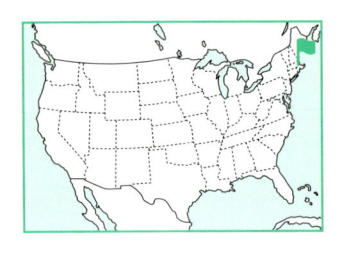

創立	1863年
住所	マサチューセッツ州ボストン Chestnut Hill, MA 02467
URL	www.bc.edu
マスコット	イーグル
スクールカラー	マルーン（赤茶）とゴールドのツートーン

📖 概略

ボストン地区の名門大学の一つ。実際は大学院を含む総合大学であるが、リベラルアーツを重視した設立の経緯もあってカレッジ（単科大学）を名乗っている。大学院としては、法科大学院、社会福祉大学院、人文科学の大学院がある。

🚩 ロケーション

元々はボストンの市街地にあったが、西部の郊外にあるチェスナット地区という公園や池に囲まれた地区に移転。現在はさらにキャンパスを拡張する計画が進行中である。環境としては閑静だが、ボストンの市街地までは市電（グリーンライン）が便利。

👥 主要な関連人物

ジョン・ケリー（現国務長官、法科大学院）、クリス・オドネル（俳優、卒業生）、レオナード・ニモイ（俳優、中退）、ルーク・ラサート（NBCテレビ記者、卒業生）

🚩 日本との関係

同じイエズス会の大学ということで、上智大学との関係は深く長い。

入試の傾向

SATの平均は2050点近辺。2013年の出願者中の合格率は32%。同年の合格総数は7905人で、入学者は2215人と、併願関係ではやや他校に流れがち。だが、その分だけアイビーとの併願の多さが推察できる。デュークやジョージタウンとの併願も多い。

エッセイ問題の例

●設問

「あなたが問題だと感じている現代社会の問題点、例えば政治、文化、社会、国際情勢等に関する問題を書きなさい。そして、どうしてそれが問題であるのかを述べなさい」

●解説

いかにもボストンのリベラルカルチャーという感じの出題である。だが、もちろん保守的な見地から書いても問題はないだろう。とにかく、大人顔負けの政治的・社会的な関心を持っていることをハッキリとアピールすべきである。

【ボストン大学（BU）】

BU
Boston University

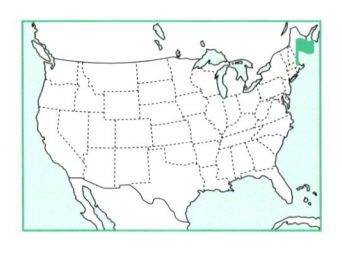

創立	1839年
住所	マサチューセッツ州ボストン Boston, MA 02215
URL	www.bu.edu
マスコット	テリア(犬)
スクールカラー	真紅と白のツートーン

概略

ボストン・カレッジ（BC）とは全くの別の大学。区別するためにBUと呼ばれる。郊外型のBCと違って、ボストンのダウンタウンに位置する。都市型の極めて大規模な私立大学ということでは、NYUと比較されることが多い。理工系に強いことと、音楽大学を併設している点などに特徴がある。MBA、法科大学院、教育学大学院も定評がある。

ロケーション

ボストンのダウンタウン、バックベイ地区に隣接。典型的な都市型のキャンパスである。レストランや商店の立ち並ぶ地区であり、都市型の生活には便利。レッドソックスの本拠地、フェンウェイ・パークも近い。

主要な関連人物

マーチン・ルーサー・キング牧師（博士）、アイザック・アシモフ（SF作家、教授）、下村脩（ノーベル化学賞、名誉教授）

日本との関係

MBAを中心に大学院への留学生は以前から多い。

入試の傾向

SAT の平均は2025点近辺。2014年の出願総数は 5 万4161人。入学者は3700人。合格者数と辞退者数は発表になっていないが、傾向としては NYU と同様に併願先は多そうである。人気上昇のトレンドが顕著であるという。

エッセイ問題の例

● 設問

「BU を志望した動機、BU が自分にふさわしい大学であるという理由を述べよ」

● 解説

ボストンのシティライフに憧れるのではなく、アカデミックな理由として BU を選択するという「まともな」理由があるのかを聞いている。NYU のエッセイ出題と同じである。いわゆるボストンのシティライフへの憧れで来てもらっては困るということで、反対にしっかりした志望動機を持っていれば評価されるだろう。

【スワースモア・カレッジ】
Swarthmore College

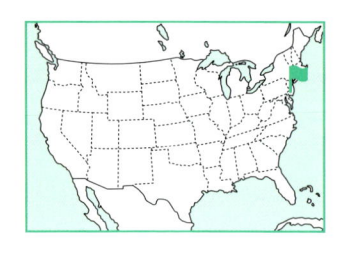

創立	1864年
住所	ペンシルベニア州スワースモア Swarthmore, PA 19081
URL	www.swarthmore.edu
マスコット	フェニックス
スクールカラー	ガーネット（真紅）と灰色のツートーン

概略

典型的なリベラルアーツ・カレッジ。1学年350人という「少数精鋭」の難関大学である。学部は教養学部しかなく、大学院も設置されていない。にもかかわらず、ノーベル賞受賞者5人を出している。また、リベラルな学風で知られる。

ロケーション

全米屈指の大都市フィラデルフィアの西南に位置している。周囲は都市エリアだが、キャンパスは緑の多い中にアットホームで学究的な雰囲気が漂う。

主要な関連人物

ロバート・ゼーリック（世界銀行総裁、卒業生）、マイケル・デュカキス（元大統領候補、卒業生）

日本との関係

東京大学と提携関係にあり、交換留学や研究者の交流が定期的に行われている。外務省からの若手外交官の研修先にもなっている。

入試の傾向

SATは2200点前後が合格者の平均。2012年の出願総数は6589人で、出願者中の合格率は14％。同年の合格総数は935人で入学者は379人と、全くの少数精鋭。併願による辞退率は高いが、アイビーとの併願がほとんど。

エッセイ問題の例

● 設問

「スワースモアに関心を持ったきっかけを書きなさい」

● 解説

リベラルアーツ・カレッジであること、少数精鋭校であることなど、スワースモアの特徴を理解しているかが問われる。その上で、進学後に何がしたいのか、その進路から考えて、どうしてスワースモアなのかを理路整然と記述することが望ましい。

【ハヴァフォード・カレッジ】
Haverford College

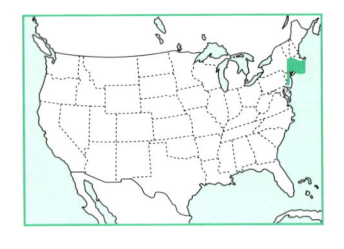

創立	1833年
住所	ペンシルベニア州ハヴァフォード Haverford, PA 19041
URL	www.haverford.edu
マスコット	黒リス
スクールカラー	真紅と黒

概略

典型的なリベラルアーツ・カレッジ。1学年300人という「少数精鋭」の難関大学である。学部は教養学部しかなく、大学院も設置されていない。一人一人の学生に対して非常にキメ細かい指導がされることで有名。スワースモア・カレッジと、ブリンマー・カレッジとの間で、授業の相互乗り入れ協定を結んでいる。

ロケーション

大都市フィラデルフィアの北の郊外に位置しており、落ち着いた住宅街とビジネス地区に隣接している。キャンパス全体が、国立の自然公園の指定を受けている。

主要な関連人物

セオドア・リチャーズ（アメリカ初のノーベル化学賞、卒業生）、鮎沢巌（戦前のILO職員、卒業生）

日本との関係

上智大学、国際基督教大学と提携関係にあり、交換留学制度がある。

📝 入試の傾向

SATは2100点前後が合格者の平均。2012年の出願者3625人中の合格総数は830人で、入学者は323人と併願関係では平均的。アイビー各校との併願者が多いことを考えると、入学者の水準も相当に高いと見るべきだろう。

📄 エッセイ問題の例

● 設問

> ハヴァフォードには学生が独自に制定して伝統となっている「オナーコード」という自治の校則がある。基本的に学生個々人の名誉と自主性を重んじる一方で、相互信頼の考え方で学内を高度に道徳的な空間にするという、大変にユニークなものだ。その「オナーコード」に関してのエッセイを書かせるのである。例えば「入学したとして、あなたはこのオナーコードに関してどんな変革を提案しますか？」「個々人の自由と集団の秩序が衝突した場合にどんな解決法があるか、具体例を挙げて議論しなさい」といったもの。

● 解説

校則に関して変革の提案をせよというのが、いかにもハヴァフォードらしいが、真剣で知的な回答が要求されるのはもちろん、その校則に関してどれだけ真摯に向き合ったかが問われるであろう。

【カリフォルニア大学ロサンゼルス校（UCLA）】
UCLA
University of California, Los Angeles

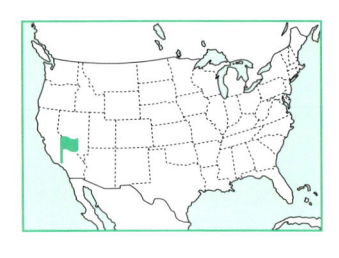

創立	1881年
住所	カリフォルニア州ロサンゼルス Los Angeles, CA 90095
URL	www.ucla.edu
マスコット	「ブルーイン」という熊
スクールカラー	ブルーとゴールドのツートーン

📖 概略

10校から成るカリフォルニア大学システム（UCシステム）の中でバークレー校に次いで設立された。スタンフォード、UCバークレーと並ぶ西海岸の名門。過去に10人のノーベル賞受賞者を輩出している。MBA、教育学大学院、法科大学院など大学院も充実している。医科大学院の評価も高い。

🚩 ロケーション

ロサンゼルスの西寄り、ウェストウッド地区の北部にキャンパスがある。サンセット大通りに接しており、ビバリーヒルズ、ベルエアーなどの高級住宅街も近い。キャンパスは広大で、公園も多数ある。

👥 主要な関連人物

バートランド・ラッセル（哲学、元教授）、フランシス・フォード・コッポラ（映画監督、卒業生）、野口悠紀雄（経済学者、修士）、山崎養世（エコノミスト、MBA）

🚩 日本との関係

西海岸の名門ということで、留学生や研究者の交流は盛ん。

入試の傾向

難関であるが、極めて規模が大きく毎年5700人程度が入学する。合格率は30%前後であったが、ここ数年の受験戦争の加熱を受けて、最新の合格率は20.4%まで下がってきた。大規模校ということもあって、SATの合格者平均値は1950点程度である。だが、むしろ高校の成績が厳しく見られており、GPAは通常ウェイテッドで4.1以上が要求される。

エッセイ問題の例

●設問

UCシステムの共通問題として、「あなたはどんな世界（家族、コミュニティ、学校など）から来たのか？」「あなたを物語る能力、性格、達成、経験を語り、それが自身の誇りになっている理由と、あなたの人格を構成している理由を述べよ」。

●解説

「全人格を語れ」という問題だが、UCシステムの特徴である大規模なコミュニティと多様性ということは前提として意識すべきだ。そのような多様性を持つ集団の中で、一人一人がどのようにコミュニケーションを取っていくのか、そして成果を出していくのか、その資質が問われている。

【マイアミ大学】
University of Miami

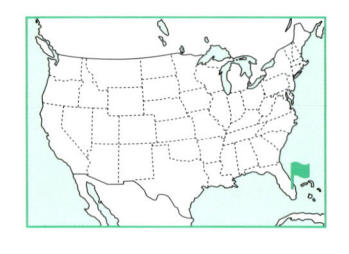

創立	1925年
住所	フロリダ州コーラルゲーブルス Coral Gables, FL 33124
URL	www.miami.edu
マスコット	白いトキの「セバスチャン」
スクールカラー	オレンジ、緑、白の3色

概略

南部のフロリダ州を代表する私立大学。法科大学院、医科大学院、海洋学の大学院を有する総合大学。経営学、海洋学、建築学、医学の分野が特に評価が高い。スポーツ医学も優れており、オリンピックの陸上選手など、自身が一流の選手である学生も多い。中南米への入口であることから、留学生が多く、中南米の財界に影響力を持つ。一方で、米国東北部からの学生も多い。略称は「UM」。

ロケーション

大都会マイアミに隣接した住宅地のコーラルゲーブルスに広大なキャンパスがある。南国だけあって、キャンパス内にはワニが生息し、全体が熱帯植物園のような雰囲気であるが、大都市にも近く、生活は便利。マイアミ・ビーチにも至近。大都市が苦手な学生には向かないし、大都市の生活ペースに引きずられるような学生にも向かない。刺激的だが、同時に自己管理の要求される特殊な環境と言える。

主要な関連人物

グロリア・エステファン（歌手、卒業生）、パット・メセニー（ジャズ奏者、中退）、デビッド・コマンスキー（元メリルリンチCEO、中退）、加藤友朗（医師、元准教授）

日本との関係

上智大学、関西外国語大学、鹿児島大学が同校と交換留学の提携を結んでいる。

入試の傾向

SATの平均は1950点近辺。2013年の出願者は2万8900人で、入学者は2000人。併願データは発表されていない。近隣のマイアミ州立大学との併願も多いが、NYUやBUと同レベルの学生が併願しているとも言える。

エッセイ問題の例

●設問

「自身の経験した中で最も印象的な経験について書きなさい」「あなたに影響を与えた人物を示して、どんな影響を与えたのかを書きなさい」など、基本的には「コモンアップ」の統一問題について書かせる。

●解説

特にこの大学独自の出題はないのだが、コモンアップの問題自体が結局は「全人格を簡潔に表現せよ」という難しいものであるので、良い答案を用意しないといけないであろう。

【南カリフォルニア大学（USC）】

USC
University of Southern California

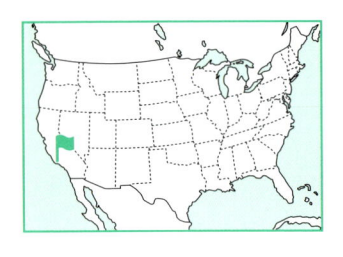

創立	1880年
住所	カリフォルニア州ロサンゼルス Los Angeles, CA 90089
URL	www.usc.edu
マスコット	「トラベラー」という馬
スクールカラー	真紅と黄のツートーン

概略

都市型の大規模な私立大学ということでは、BU、NYU、マイアミ大学と性格が似ている。会計学などビジネス系に強いことと、音楽学部、映画芸術学部を併設している点などに特徴がある。MBA、法科大学院、医科大学院も定評がある。近年はIT分野にも力を入れている。日本では「南加大」とも言う。

ロケーション

ロサンゼルスの南部、五輪公園に隣接。典型的な都市型のキャンパスである。レストランや商店の立ち並ぶ地区であり、都市型の生活には便利。

主要な関連人物

ニール・アームストロング（宇宙飛行士、卒業生）、ジョージ・ルーカス、ロバート・ゼメキス、ブライアン・シンガー（以上、3者とも映画監督、卒業生）、五嶋みどり（バイオリニスト、教授）

日本との関係

大学院への留学生だけでなく、学部段階での留学も例外的に以前から多い。

✎ 入試の傾向

SATの平均は2025点近辺。2014年の出願総数は5万1800人。入学者は2750人。合格者数と辞退者数は発表になっていないが、傾向としてはNYUやBUと同様に全国区で人気のある大学であり、併願先は多そうである。人気上昇のトレンドが顕著であるという。

📝 エッセイ問題の例

● 設問

「エジソンは白熱電球を発明するまでに数多くの失敗をした。あなたにとって困難を粘り強く乗り越えた経験を書きなさい」

● 解説

受験生の「人格」を問う問題。根性論ではダメであり、知性やユーモアのセンスなども見せるべきである。

【ミシガン大学】
University of Michigan

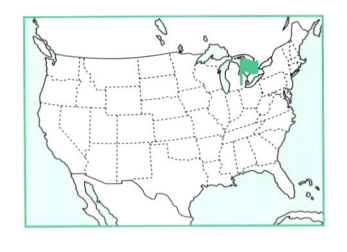

創立	1817年
住所	ミシガン州アナーバー Ann Arbor, MI 48109
URL	www.umich.edu
マスコット	クズリの「ビフ」
スクールカラー	メイズ（濃黄）と青のツートーン

概略

ミシガン州立。公立大学としては UC バークレーとトップを争う、全米屈指の存在。大学院は、法科、公共政策、医科、MBA などいずれも評価が高い。一方で、理工系の研究水準も高度である。公立であるが、州外の学生の学費は高額で、実質的には私立と変わらないとも言われている。州の予算補助に期待できない以上、いっそのこと私立になってはどうかという声もある。

ロケーション

デトロイトから車で 1 時間。典型的な郊外型のキャンパスである。郊外といっても立派な学園都市であり、生活には便利。

主要な関連人物

ジェラルド・フォード元大統領（卒業生）、アーサー・ミラー（劇作家、卒業生）、榊原英資（経済学者、博士課程修了）

日本との関係

MBA を中心に大学院への留学生は以前から多い。

入試の傾向

SATの平均は2000点近辺。2012年の出願総数は３万9584人。合格者は１万6073人。入学者は6236人と辞退数はやや多めである。レギュラーの締め切りを１月15日まで延長しており、併願を多く集める戦略を取っている。州外の学生には、学費などの条件は私立大学と同じであり、結果的にノースウェスタンやシカゴなど多くの私学との併願が起きている。

エッセイ問題の例

●設問

「あなたの属しているコミュニティと、その中での自分の位置について述べよ」

●解説

いわゆる「人格」を問う問題である。だが、主観的に自分のアイデンティティや、孤立感や帰属感を書いていくよりも、自分の属するコミュニティに対する冷静な視線、そして自分の現在位置に関する冷静な認識を書くのが良いだろう。

【ペンシルベニア州立大学（ペン・ステート）】
The Pennsylvania State University

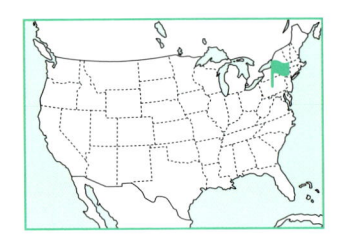

創立	1855年
住所	ペンシルベニア州ステートカレッジ State College, PA 16802
URL	www.psu.edu
マスコット	ライオン
スクールカラー	青と白のツートーン

📖 概略

ステートカレッジにある本校だけで4万人、州の各地に存在する分校を入れると学生数は8万人に達するという巨大な公立大学組織である。当初は農業学校として設立され、広大なペンシルベニア州の農業技術の向上が期待された。だが現在は、工学や経営学に傑出した総合大学に発展している。アイビー校のペンシルベニア大学（通称「Uペン」）と区別するために、「ペン・ステート」と呼ばれる。

🚩 ロケーション

アパラチア山脈の奥深く、自然の中に存在する巨大な学園都市がキャンパスである。直近の町までは最低でも車で2時間という「外界と隔絶された」環境は、まるで大学が丸々一つの独立国のような感覚である。

👥 主要な関連人物

ロイド・ハック（メルク社元CEO、卒業生）、トム・ベルドゥッチ（野球評論家、卒業生）、根井正利（遺伝学、教授）

🚩 日本との関係

交換留学や研究者の交流が定期的に行われている。

入試の傾向

典型的な公立大学であり、本校だけで2013年の新入生が1万5570人という巨大な規模。SATは1800点前後が合格者の平均（分校の場合は1550点が平均）。入りやすく、学費の安い分校に入って、２年生や３年生で本校に転校することも可能だが、相当な努力を要する。だが、その中でオナーズ・カレッジに入り、自分の希望の専攻で好成績を挙げるのは簡単ではない。

エッセイ問題の例

● 設問

特にエッセイの問題はないとした上で、「課外活動に関して詳しく記述せよ」「自己アピールをせよ」といった問題に「回答することが奨励されている」とある。

● 解説

もちろん、それはエッセイ問題であり、十分に時間をかけて回答すべきである。内容が履歴書に書いたデータと矛盾しないこと、知的な能力をしっかりアピールすべきであるという点では、他大学の問題と変わりはない。

【ラトガース大学】
Rutgers, The State University of New Jersey

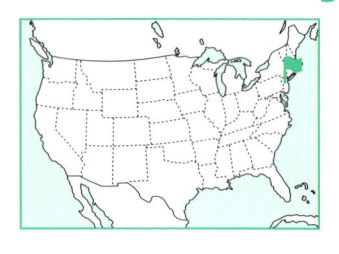

創立	1766年
住所	ニュージャージー州ピスカタウェイ Piscataway Township, NJ 08854
URL	www.rutgers.edu
マスコット	騎士
スクールカラー	真紅

概略

本校に加えて二つの分校を入れると学生数は６万人に達するという巨大な公立大学組織である。当初は私立学校として設立され、その歴史は全米で８番目に古い。そのまま進めばアイビーの加盟校になっていたはずだが、その後、州立大学に改組されて現在に至る。現在は、人文科学、薬学、医学、工学や経営学に傑出した総合大学に発展している。特に薬学部は、学部から修士までの一貫コースを設置しており、難関である。リベラルな校風で知られる。

ロケーション

ニューヨークから電車で40分の郊外に位置しており、落ち着いた環境に巨大なキャンパスを有している。就職活動やインターンの際には、マンハッタンに通える点が有利。キャンパスは大きく四つの地区に分かれており、連結式の巨大な大学バスが巡回している。

主要な関連人物

ウィリアム・グリフィス（明治初期の大学南校〔東大の前身〕教師、卒業生）、ナタリー・モラレス（NBCキャスター、卒業生）、レベッカ・クイック（エコノミスト、卒業生）

🏁 日本との関係

1867年、日本初のアメリカへの留学生、日下部太郎はラトガース大学に入学した。日下部は学業では成果を修めたものの肺結核に倒れ、1870年に当地で没した。日下部の墓は今もピスカタウェイにある。立命館大学と提携関係にあり、交換留学が盛んである。

✏️ 入試の傾向

SATは1850点前後が合格者の平均（薬学は2150点）。薬学以外の学部は難関ではない。だが、その中でオナーズ・カレッジに入り、自分の希望の専攻で好成績を挙げるのは簡単ではない。

📝 エッセイ問題の例

● 設問

「ラトガースは多様な人々で構成されたコミュニティです。そのようなコミュニティの一員になることは、あなたにはどんなメリットがあるでしょうか？ また自分はこのコミュニティにどんな貢献ができるでしょうか？」

● 解説

リベラルで多様性重視の校風を反映した問題。当然ながら、多様性という価値を真剣に考えているという姿勢が重要である。もちろん、聞かれたことに答えるだけでなく、自分の知性をアピールすることも忘れてはならない。

冷泉彰彦 Akihiko Reizei

ニュージャージー州在住。作家・ジャーナリスト。プリンストン日本語学校高等部主任。1959年東京生まれ。東京大学文学部卒業。コロンビア大学大学院修了（修士、日本語教授法）。福武書店（現ベネッセコーポレーション）勤務を経て93年に渡米。

97年から、ニュージャージー州にあるプリンストン日本語学校高等部で進路指導にあたっている。同校は小規模ながら、日本語と英語の双方を学んだバイリンガルの生徒を送り出す学校であり、卒業生の半数はアメリカの大学に進学する。これまでに、プリンストン、コロンビア、コーネル、カーネギー・メロンなどといった名だたる大学に卒業生を送り出してきた。

『「関係の空気」「場の空気」』『「上から目線」の時代』（いずれも講談社）、『アメリカモデルの終焉』（東洋経済新報社）、『チェンジはどこへ消えたか』『アメリカは本当に「貧困大国」なのか？』（いずれも阪急コミュニケーションズ）など著書多数。ニューズウィーク日本版公式サイトやメールマガジンJMM（村上龍編集長）で連載を持ち、週刊メルマガ（有料）「冷泉彰彦のプリンストン通信」も配信中。

写真提供
Steve Dunwell/Photographer's Choice/Getty Images（p.11）
Aimintang/ E+/Getty Images（p.16）

アイビーリーグの入り方
アメリカ大学入試の知られざる実態と名門大学の合格基準

2014年8月12日 初版発行

著者	冷泉彰彦
発行者	五百井健至
発行所	株式会社阪急コミュニケーションズ
	〒153-8541
	東京都目黒区目黒1丁目24番12号
	電話　03-5436-5721（販売）
	03-5436-5735（編集）
	振替　00110-4-131334
印刷・製本	慶昌堂印刷株式会社

© Akihiko Reizei, 2014
Printed in Japan
ISBN978-4-484-14223-4

乱丁・落丁本はお取り替えいたします。